Sibylle Krähenbühl

Rituelle Hausreinigung

Sibylle Krähenbühl

Rituelle Hausreinigung

Räume voller Schönheit
mit der Kraft der 4 Elemente

Inhalt

Einführung

Das Haus gehört zum Menschen. Seit Urzeiten entstehen die unterschiedlichsten Behausungen, sie bieten Schutz und festigen die Zusammengehörigkeit eines Clans oder einer Familie. Im Haus kommen Symbole zum Ausdruck, die vom Weltbild und von den prägenden Erfahrungen dieser Menschen zeugen. Der Kreis eines Tipis oder einer Jurte bildet die Form des Horizontes nach, während das Quadrat schon von der Kenntnis der Sonnenbahn zeugt und als astronomisches Sonnensymbol in den quadratischen oder rechteckigen Hausbau hinein verwoben wurde.

Die sicher ältesten Raumerfahrungen waren die Täler und Ebenen. Die Welt war begrenzt durch den Horizont, durch Hügel und Berge oder das Wasser. Sie war geschützt von der Himmelswölbung, an der Sonne, Mond und Sterne ihre stetigen Bewegungen vollzogen.

Die Erbauung und Pflege eines Hauses war im Gegensatz zur heutigen profanen Einstellung stark in ein spirituelles Weltbild eingebunden. Der Bauplatz war Teil der Natur und musste durch Gaben herausgelöst werden; vor dem Baubeginn wurde er rituell gereinigt und gesegnet. Der Grundstein diente dazu, das Haus mit der Erde zu verbinden. Der First verband das Haus mit dem Himmel. Es sollte den Bewohnern einen gesegneten Lebensraum bieten. Wie zwei Schalenhälften, die das Innere bewahren und schützen, sollte das Haus von den Kräften der Erde und des Himmels getragen werden. Das Grundbedürfnis des Menschen, sich mit all seinem Tun in diese große Wirklichkeit einzubinden, finden wir überall auf der Welt.

Diese Bedeutung des Hauses wird ersichtlich in unserem Wort »Heim«, das sich vom althochdeutschen »heima« ableitet, was auch »Welt« bedeutet. Das Wort »Materie« (Stoff, Bestandteil, Gegenstand) stammt von »materia/mater«, was »Quelle einer Sache, Ursprung« bzw. »Mutter« heißt und den ursprünglichen Sinnbezug klärt. Das heute beliebte Wort »Matrix« ist im Lateinischen »die Gebärmutter, Stamm-Mutter«. Das Heim ist somit ein Abbild der Welt, aus der Verbindung zur Urmutter geschaffen.

Die Energie des Lebensraumes: die Grundlagen

Leben mit Mutter Erde

Der Mensch erlebte die Erde als Leben spendendes und Leben nehmendes allgegenwärtiges Wesen, als weibliche Schöpferin, da ihr – wie den Frauen – die Gabe des Gebärens zu eigen ist. Sie war die Urmutter aller Geschöpfe, der Tiere, Pflanzen und Menschen. Alle Flüsse, Berge, Meere, den Regen, die Stürme und Jahreszeiten brachte sie hervor. Ihr himmlischer Leib war mit Sternen übersät; hier zogen Mond und Sonne ihre Bahnen. Aus ihrem Schoß wurde alles Leben geboren.

Ihre Höhlen schenkten den Zugang in ihr Inneres, den Bauch der Erde, der Urmutter aller Dinge. In ihrem Inneren, das (später) in Form der Unterwelt als Gegenpol zur himmlischen Oberwelt erfahren wurde, sind alle Geschöpfe zu Hause. Die Erde ist die Hüterin aller Dinge. Im Sumerischen bedeutet das Wort »matu« »heilige Höhle, Grab, Unterwelt« und »Schoß«. Im Sanskrit gibt es ebenso nur ein Wort für »Heiligtum« und »Schoß«.

Alles war beseelt; es waren die unzähligen Erscheinungsformen ihrer Kinder, die das Land bevölkerten. So erschien jeder Berg, jeder Fluss, jeder Stein als Geistwesen, mit dem es in Harmonie zu leben galt. Achtsamkeit und Rituale waren wichtige Begleiter, um als Mensch in guter Weise in dieser Welt zu leben. Alte Bräuche zeugen auch bei uns davon, dass Höhlen, Bäume, Steine, Quellen und Berge die ersten Heiligtümer waren, denen man teilweise bis heute (unter der christlich missionierten Schicht) die Ehre erweist. Heute lenken wir in Europa die Aufmerksamkeit (fast) nur auf die Beurteilung der Materie, die Gegenstände. Doch in großen Teilen Afrikas, Indiens, Asiens und in Süd- und Mittelamerika gehört der tägliche Umgang mit Mutter Erde, den Familienahnen und den vielen Geistwesen des Landes zum spirituellen Alltag. So gibt es unzählige Bräuche, die die Errichtung des Hauses, seine Reinigung und seine Segnung betreffen. Meist stehen sie in einer strengen kulturellen Tradition.

Was bei uns durch die Alleinherrschaft der Naturwissenschaften verloren ging, wurde über anthropologische Studien

*Nachbildung
Venus von Willendorf,
ca. 30.000 Jahre alt*

*Madonna in der Felsen-
höhle, Lourdes/Frankreich*

schamanisch orientierter Gemeinschaften wiederentdeckt. Es fanden sich Ähnlichkeiten in den Ritualen, sodass bei uns der Sinnzusammenhang von tradierten, zu äußerlichen Handlungen verkommenen Ritualen neu erklärt werden konnte. Aus dem indischen und fernöstlichen Raum kamen Räucherstäbchen, Ahnenaltäre und Götterkulte, aus den indigenen Traditionen Amerikas die starke Verehrung des weiblich-schöpferischen Prinzips, der »Pacha Mama« (Bolivien), in unser Bewusstsein zurück. Mit dem Siegeszug des chinesischen Feng Shui nach Westen hin verbreitete sich die Lehre des Qi, der alles durchdringenden Lebenskraft. Doch die wirkliche Befruchtung fand nicht in der unreflektierten Übernahme anderer kultureller Traditionen statt. Der Blick auf fremde Kulturen gab den Impuls, der dazu führte, wieder verstärkt nach den eigenen Wurzeln zu forschen und das Wissen unserer Ahnen und Ahninnen, die heiligen Pflanzen, Orte und Landschaften wiederzuentdecken. Dazu gehört auch das rituelle Reinigen von Haus und Mensch.

Das Feinstoffliche: Der Äther

Die Überlieferung des Qi im chinesischen Feng Shui findet seine Entsprechungen im indischen Prana, im griechischen Pneuma und im europäischen Begriff des Äthers. Albert Einstein formulierte 1920 in seiner Rede »Äther und Relativitätstheorie«, gemäß der allgemeinen Relativitätstheorie ist Raum ohne Äther undenkbar (siehe S. Brönnle: *Das Haus als Spiegel der Seele*). In der christlichen Schöpfungsgeschichte schuf Gott aus Lehm den ersten Menschen (»Adam« heißt »Mensch«) und hauchte ihm seinen Odem ein.

Die Seele wurde lange der Luft gleichgesetzt; sie entweicht aus dem Körper beim letzten Ausatmen. Um sie gehen lassen zu können, wurden im Haus sogenannte Seelenlöcher, runde Fensteröffnungen (meist im Giebel), gebaut. Oder das Fenster musste geöffnet werden, um der Seele den weiteren Weg nicht zu versperren. Diese Seelenlöcher gibt es seit der Megalithzeit der Großsteinbauten.

Der Odem, der Äther, das Qi ist die alles durchdringende Lebenskraft. Es gibt nur eine untrennbare, den ganzen Raum ausfüllende, alles durchdringende, in verschiedener Dichte vorhandene Lebenskraft oder »Energie«. Freilich ist sie keine objektiv messbare Energie. Sie ist gleichzeitig psychische Kraft und besitzt auch materiellen Charakter und Auswirkungen. Der Äther ist weder stofflich noch Geist. Er ist dazwischen, ein Mittler. Er nimmt das Geistige auf und schenkt ihm feinstoffliche Form. So formt ein Gedanke, eine Absicht zuerst den Äther.

Äther und Klang werden als verwandt angesehen. Wie der Klang vibriert und sich in Wellen bewegt, so verhält sich auch das Ätherische. Der Gedanke ist wie ein Stein, der ins Wasser geworfen wird und so Wellen im Äther erzeugt. So schuf Gott durch das Wort die Welt. Aber auch jede Materie trägt das Ätherische in sich. Jede Form, jedes Material nimmt ebenfalls Einfluss auf die Prägungen des Ätherfeldes.

So kann man von drei Welten sprechen:

Die Geisterwelt: die Welt der Archetypen, Götter, Göttinnen und Wesen aller Geschöpfe. Im Geist gehen Bewegungen schnell. Der Gedanke reist ohne Begrenzung. Raum und Zeit sind hier nicht beheimatet.

Der Ätherraum: die Welt der Energie, des Feinstofflichen, der Lebenskräfte. Der Äther ist weich, nimmt jede Prägung und Form an, lässt sich leicht bewegen. Er reagiert auf alles; alles drückt sich durch ihn aus.

Die Physis: die Materie, das messbare Objekt, die Körper. Die Materie ist langsam. Sie ist »gefrorene« Bewegung, die sich nur langsam wandelt. Sie schenkt Stabilität und Ruhe. Sie ist die geschaffene Schönheit. Materie ist der Stoff der »Mater«-Mutter, der vielfach geschauten großen Göttin.

Der Äther wird in der differenzierten Beobachtung in unterschiedlichen Qualitäten und Ausprägungen erfahren. Er folgt inneren Tendenzen, die im System der vier Elemente ausgedrückt werden können.

Das Konzept der vier Elemente Wasser, Erde, Luft und Feuer findet sich in vielen Weltgegenden. Es sind die Archetypen der Elementarkräfte, durch die das Wesen und die Kraft von Landschaften, Lebewesen, Formen und Charakteren beschrieben werden können.

Alle Landschaftsformen – Berge, Flüsse, Täler, Bäume, alles Gebaute wie Häuser und Straßen – formen den Äther auf ihre Weise dauerhaft mit. Das Gleiche gilt für den Menschen: Alle Gedanken, Gefühle, Handlungen und Bewegungen prägen sich im Ätherischen ein und bleiben dort, je nach Intensität und Dauer, kürzer oder länger bestehen. Im Rahmen eines Rituals wird daher großer Wert darauf gelegt, die innere Ausrichtung bewusst zu lenken, denn damit wird im Ätherischen eine starke und weit reichende, lang anhaltende Wirkung erzielt: Dank des Rituals bleibt der Äther über lange Zeit formiert stehen und trägt den eigentlichen Impuls weiter, auch wenn sich die Menschen schon lange etwas anderem zugewandt haben.

Die Energie des Lebensraumes

Bei der energetischen Hausreinigung widmen wir uns hauptsächlich der ätherischen Ebene des Hauses. Es gibt nur einen Äther, der alles in sich trägt. Er wird von den verschiedensten Faktoren beeinflusst, die es zu unterscheiden gilt:

Der Ort

Jeder Ort hat sein natürliches Ätherfeld. Am Bach wird der Wasser-Äther erhöht sein, über geologischen Verwerfungen der Feuer-Äther. Diese Ätherprägungen sind ortsgegeben und müssen respektiert werden. Mit den Reinigungstechniken können allenfalls persönliche Reaktionen auf diesen Äther aus dem Ätherischen gelöst werden.

Bei Schlafproblemen auf einer Wasserader kann die Information »Ich finde keine Ruhe« über die Monate so stark im Raum gegenwärtig sein, dass sie zur ortsspezifischen Problematik zusätzliche Schwierigkeiten erzeugt. Dieses vom Menschen geschaffene, im Ätherischen verankerte Feld kann gereinigt werden und eine Entspannung der Situation bewirken. Sie beseitigen damit aber nicht die Ursache, die Wasserader.

Die Gestalt des Hauses

Jedes Haus, jeder Raum bildet durch seine Formen, Proportionen, Materialien (Holz, Beton, Metall, Glas u.a.) und technischen Geräte eigene Ätherfelder. Jedes Material prägt den Äther mit. Holz zum Beispiel speichert Äther stark und nimmt daher vieles auf, was hier gelebt wurde, ist aber auch schwieriger zu reinigen. Stein ist leichter von Informationen zu befreien, berührt aber die Emotionen weniger. Die ätherischen Felder sind Teil des gebauten Hauses und bleiben bestehen.

Die Geschichte des Hauses

Das Haus speichert alles. Vom Planungsbeginn über die Errichtung des Gebäudes bis hin zu den Emotionen aller Generationen, die dort geliebt und gelitten haben, ist alles im Äther vorhanden. Alte Häuser sind daher oft sehr reich an Geschichte. Ihr Äther ist gesättigt davon. Neubauten sind dagegen eher leere, charakterlose Hüllen, da die heutige Planungsart

sehr »mental« geworden ist und oft weder den Ort noch Bauriten berücksichtigt. Ist dieses mentale Feld sehr stark im Ätherischen des Hauses verankert, so sind Distanziertheit, Kühle und Emotionskälte sehr ausgeprägt und entsprechen oft nicht den seelischen Bedürfnissen der Menschen nach Nähe, Geborgenheit und Wärme.

Viele Informationen sind also schon da und stammen nicht von den jetzigen Bewohnern. Aber keine Angst – wir Menschen ziehen immer an den Ort bzw. in das Haus, das zu uns passt. Alle gespeicherten Erinnerungen – auch wenn wir sie später reinigen wollen – haben eine Entsprechung zu unserem Leben; wir stehen damit in Resonanz. Fangen wir nun an, mit den Reinigungstechniken am Haus zu arbeiten, so verändern wir immer auch etwas an uns. Manchmal ist es unser Geschenk an das Haus, es gut zu pflegen. Oft berichten Menschen, dass ihr Haus diese Absicht spüre und schätze und dass viel Kraft und Unterstützung an sie zurückfließt.

Bei einem Auftrag in einem ehemaligen Pfarrhof neben Kirche und Friedhof wurde dies sehr deutlich. Der seit Jahrhunderten genutzte Ort hatte vielerlei mitgemacht. Doch die am stärksten wirksamen Geschichten hingen eng von den jeweiligen Weltbildern ab. Ein Weltbild umfasst alles, was ein Individuum oder eine ganze Gemeinschaft vom Leben und Sein denkt sowie darüber, wie die Welt gebaut ist. Hier sind oft starke Trennungen in Gut und Böse, Richtig und Falsch gespeichert, die ungefiltert von den Eltern übernommen werden.

Am ehemaligen Pfarrhof waren durch die spirituelle Nutzung einige Ebenen der ursprünglichen Kraft des Ortes wie »versiegelt« – wahrscheinlich einfach dadurch, dass das tradierte Christentum mit der Kraft von Mutter Erde seine Schwierigkeiten hatte und sie gerne »beherrschte«. Dadurch waren einige geomantische Phänomene der Erde, sogenannte Seelenwege, verschlossen.

Durch die Arbeit mit der ursprünglichen Kraft des Ortes wurden viele dort verweilende Seelen aktiv und standen plötzlich im Haus der Auftraggeberin. Wie an einem Busbahnhof bevölkerten sie den Ort in erwartungsvoller Haltung.

Für die Besitzerin des Hofes war dies natürlich kein angenehmer Zustand. Die Seelen waren einfach da, ohne Absicht in Bezug auf die Besitzerin. Sie spürten die heilende Kraft dieser Arbeit mit dem Ort und kamen dazu, in der Hoffnung auf ihr eigenes Wohlergehen. Sie warteten anständig darauf, dass auch sie an die Reihe kämen. Alles, was sie brauchten, um ihren Weg weitergehen zu können, war das Entzünden einer Kerze, die mehrere Tage lang brannte. Die Kerze war Symbol für die innere Haltung, dass alle Seelen mit unserem Wohlwollen gehen durften, wohin es sie zog. Sie schuf ein Seelenloch, ein Portal, das die konsequente Bejahung ausdrückt, einer verstorbenen Person nicht den weiteren Weg zu versperren.

Wie das sumerische Wort »matu« sowohl Grab als auch Unterwelt und Schoß bedeutet, so gibt es verschiedene Weltbilder und Erfahrungen, was das »Jenseits« ist. Ob kosmische oder erdennahe Ahnensphären – die Seele braucht die Freiheit, an den eigenen »richtigen« Ort gehen zu dürfen. Diese Absicht, diese Erlaubnis, ohne Einschränkung den Weg wählen zu dürfen, und die Bekräftigung durch die brennende Kerze machten es möglich, dass die Besitzerin innerhalb weniger Tage ihren Hof wieder für sich hatte. Auch ihre persönliche Beziehung zur Kraft der Erde erfuhr eine starke Veränderung.

Der Mensch

Jeder Mensch prägt den Lebensort mit. Alle Gefühle, Gedanken, Handlungen und Weltbilder erzeugen Wellen im Äther, die schneller oder langsamer vergehen. Intensive Erfahrungen verursachen starke Wellen und bleiben länger bestehen. So können Unfälle, schwere Krankheiten, Schwellenerfahrungen, Schock oder Gewalt zu lang anhaltenden Prägungen im Äther führen. Auch intensive positive Erfahrungen wie die Geborgenheit als Kind können lange erhalten bleiben, sodass etwas von diesem Kind im Äther des Hauses bleibt. Beim Kauf oder Verkauf kommen solche Strukturen gerne zum

Vorschein. Lässt sich ein Haus nicht verkaufen, ist oft eine innige Verbindung des Besitzers da, die verhindert, dass das Haus für einen neuen Menschen frei ist. Hier hilft das rituelle Reinigen und Freigeben.

Bei meiner Seminartätigkeit reinige ich den Raum nach jedem Kurs. Alle Prozesse, alle Übungen können Ätherbewegungen erzeugen. Der Nächste, der dort arbeiten will, steht inmitten der von uns geschaffenen Prägungen. Das kann sehr anstrengend sein. Dies berichten vor allem Seminarhausbewohner. Denn was in den Kursen im Ätherischen aufgeworfen wird, wirkt nach. Die Herstellung eines Gleichgewichts, wo alles sein darf; ein Raum, der die Fähigkeit hat, alles mitzutragen und auch wieder loszulassen – das ist ein guter Raum. Je mehr wir ihn mit rituellen Reinigungen betreuen, desto ausgeglichener kann er die verschiedensten Arbeiten unterstützen und bleibt trotzdem in seiner eigenen Kraft bestehen – auch Ihr Zuhause!

Die vier Äther

Für die rituelle Reinigungsarbeit möchte ich die vier Äther mit ihren inneren Tendenzen ausführlicher darstellen. Diese werden gemäß dem Analogieprinzip nach den vier Elementen Wasser, Luft, Feuer und Erde gegliedert und sind nicht mit ihnen zu verwechseln. Bevor Sie mit den vier Äthern im Haus arbeiten können, müssen Sie sich etwas Zeit nehmen, um sie kennenzulernen. Schulen Sie Ihre Wahrnehmungsfähigkeit, indem Sie sich auf jeweils einen der vier Elemente-Äther eichen.

Eibe

Trauerweide

Der Erd-Äther
(physischer Äther, Lebensäther)

Der Erd-Äther zeigt eine Bewegungstendenz nach unten und zur Dichte hin (Abb. S. 22). Ätherische Schwellen und Wände bestehen oft aus Erd-Äther. Er schafft eine Haut. Elementarwesen oder Elementale (siehe S. 98 ff.) besitzen zum Beispiel eine abschließende »Haut«, eine Erd-Äther-Ummantelung. Auch ein gefällter Baum bleibt noch länger mit seiner Erd-Ätherhülle bestehen. Sind wir von Erd-Äther umgeben, so überwiegt in der Wahrnehmung das Gefühl von Druck und

Birke

Pappel

Schwere, Dichte und Unbeweglichkeit (Beständigkeit); Verlangsamung tritt ein. Körper und Körperaktionen werden bewusst. Traditionssinn und Realitätsnähe sind Eigenschaften des Erd-Elements.

Erd-Äther-Eichung:
Stellen Sie sich unter eine Eibe (siehe Foto S. 20), in eine Höhle oder unter einen schweren Felsvorsprung. Hier ist der Erd-Äther sehr ausgeprägt. Vor allem Granit ist sehr erdbetont.

Eibe
– Erd-Äther

Der Wasser-Äther
(Klangäther, chemischer Äther)

Der Wasser-Äther zeigt eine Bewegungstendenz nach unten und zur Seite hin (Abb. S. 23). Er nährt die Emotionen, Romantik, Melancholie und Träumerei. In Sumpfgebieten und Flusslandschaften ist er sehr ausgeprägt vorhanden, auch nach der Entwässerung ganzer Täler bleibt er bestehen. In der Wahrnehmung überwiegen Feuchte und Kühle. Die Bewegung wird weich und entspannt. Die Gefühle werden stark angeregt.

Wasser-Äther-Eichung:
Stellen Sie sich unter eine Trauerweide (siehe Foto S. 20), an ein Fluss- oder Seeufer oder in eine Moorlandschaft. Unter den Gesteinen zählt Schiefer zu den wasserbetonten.

Trauerweide – Wasser-Äther

Der Luft-Äther (Lichtäther)

Der Luft-Äther zeigt eine Bewegungstendenz, die nach oben und außen strebt (Abb. S. 24). Wahrnehmbar wird der Luft-Äther als ein Luft- oder Bewegungszug, als ein Gefühl der Leichtigkeit, der Ausdehnung, als Freiheit und Weite. Das Denken, die Kommunikationsfreude und die Philosophie werden unterstützt. Der Luft-Äther stellt Verbindungen her. Die Bewegungen im Raum prägen den Luft-Äther stark. Durch Autoverkehr entsteht in der Mitte der Straße eine Luft-Äther-Sammlung.

Luft-Äther-Eichung:

Begeben Sie sich zu einer Birke (siehe Foto S. 21). Sie erzeugt einen starken Luft-Äther. Auch auf einer Ebene sowie auf den Berggipfeln ist der Luft-Äther stark ausgeprägt.

Birke
– Luft-Äther

Der Feuer-Äther (Wärmeäther)

Der Feuer-Äther besitzt eine Bewegungstendenz nach oben (Abb. S. 25). Er sammelt sich besonders an Spitzen. Das Feuer ist assoziiert mit Dynamik, Wille, Freude und Hass, Inspiration und geistiger Kraft sowie Zielgerichtetheit. Der Feuer-Äther wird stark angeregt durch Ritualarbeit, das heißt, wenn der Geist des Menschen fokussiert ist, reagiert der Feuer-Äther mit. Vulkane oder ehemalige Vulkankrater weisen meist starke Feuersäulen auf. Über Gesteinsbrüchen im Untergrund (Verwerfungen) ist der Feuer-Äther sehr ausgeprägt. Auch in

Städten ist das Feuer-Element stärker vorhanden als auf dem offenen Land. Wahrnehmbar ist der Feuer-Äther besonders als Wärmegefühl, als eine konzentrierte, nach oben gehende Bewegung.

Feuer-Äther-Eichung:
Säulenpappeln (siehe Foto S. 21) oder die Nadeln von Tanne und Föhre weisen einen starken Feuer-Äther auf. Halten Sie die Hände zur Eichung circa zwei bis drei Zentimeter um die Nadeln oder über eine spitze Pyramidenform. Bei den Gesteinen trägt Basalt das Feurige in sich.
Jede Wahrnehmung bringt die persönliche Disposition zu den vier Elementen zum Ausdruck. So kann Erd-Äther Stabilität schenken oder einengen; Wasser-Äther kann Gefühle fördern oder ins Gefühlschaos stürzen; Luft-Äther nährt Freiheit oder ist zu unverbindlich; Feuer-Äther wärmt oder überanstrengt.

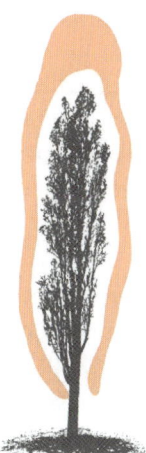

Pappel
– Feuer-Äther

Der negativ polarisierte Äther

Unter bestimmten Umständen werden die vier Elemente-Äther durch Ereignisse, Gedanken, Formen und Handlungen derartig beeinflusst, dass sie »kippen«. Sie liegen dann in ihrer negativ polarisierten Form vor. In der energetischen Hausreinigung spielen gerade die negativ polarisierten Äther eine wichtige Rolle, da wir stark auf ihr Vorhandensein reagieren:

Der negative Erd-Äther erzeugt Gefühle von Druck, Beklemmung, Angst und Dichte. Er tritt auf, wo körperliche Gewalt und seelische Grausamkeit gelebt werden. Die Reinigung des negativen Erd-Äthers benötigt meist starke Interventionen.

Der negative Wasser-Äther erzeugt das Gefühl von Ekel. Er kippt am schnellsten von allen Äthern. Er reagiert auf seelisch Ausgelebtes und auf Schmutz. Im Keller und in ungepflegten Räumen tritt er häufig auf.

Der negative Luft-Äther erzeugt Verwirrung, träge oder chaotische Gedanken, und die Realität wirkt »virtuell«. Gedankliche Manipulation, Lügen und Propaganda können den Luft-Äther zum Kippen bringen.

Der negative Feuer-Äther erzeugt Angst, Aggressionen und Wut. Er kippt bei starkem Hass, Wut und ungezügelter Aggression, bei manipulativen Ritualen oder bei starker Unterdrückung von Menschen (familiär, gesellschaftlich-kollektiv usw.).

Die gekippten Äther können über lange Zeiträume an einem Ort, in einem Haus bestehen bleiben, sodass die ursächliche Begebenheit oft nicht mehr sicher festzustellen ist. Sie machen einen Teil der Geschichte des Hauses aus. Da sie die nachfolgenden Bewohner enorm beeinflussen können, kommt ihnen in der rituellen Reinigungsarbeit ein besonderer Stellenwert zu. Sollte die Ortsgeschichte auf den Menschen nicht förderlich wirken, ist es an der Zeit, sich durch die im Buch vorgestellten Reinigungstechniken intensiver um die Klärung zu bemühen. Meistens bedarf es hier einer etwas längeren, wiederholten Arbeit. Einmaliges Räuchern wird meist nicht den gewünschten Erfolg bringen.

Elektrosmog & Co

Installationen und Geräte (Hausstrom, Handy, DECT-Telefon, Funk, Radar u.a.) erzeugen ernst zu nehmende technische Strahlen, die einen erheblichen Einfluss auf den Äther und damit in alle Lebensprozesse hinein haben. Zusammen mit synthetischen Materialien (Böden, Möbel, Kleidung) entstehen zudem starke statische Felder, die die natürliche Fähigkeit des Körpers zur Erdung verhindern. Elektromagnetische Felder wirken im Äther! Es entstehen ungewollte Verdichtungen, Ballungen, Löcher und andere nicht natürliche Ätherphänomene.

Die im Äther empfundene Spannung kann z.B. durch das Räuchern von sogenannten Wetterpflanzen gelöst werden (siehe »Räucherstoffe«, S. 62 ff.). Jedoch entfernt man damit weder die technischen Felder noch beeinflusst man die Intensität ihrer Strahlung! Die konsequente Reinigung bei technischer Belastung heißt: Ausstecken und abschirmen.

Die Kraft des Übergangs

Der Mensch erlebt sein Leben eingebettet in große Zyklen: den Tageslauf mit Morgen, Mittag, Abend, Nacht; den Jahreslauf mit Frühling, Sommer, Herbst und Winter. Der Mond erscheint in drei Gestalten am Himmel (zunehmender Mond, Vollmond, abnehmender Mond), und auch der Sternenhimmel wandert beständig. So erfuhren unsere Vorfahren die Bilder am Himmel und die zyklischen Kräften der Erde als verbunden.

Dieses zyklische Empfinden steht unserem linearen Zeitgefühl stark entgegen. Im Zyklischen gibt es Zeiten des Beginns, der Blüte, der Reife, des Todes und des Nichtsichtbaren. Wie in der Natur, so erlebt auch der Mensch Geburt, Leben und

Tod; er orientiert seine Kultur an den großen Zyklen der Erde und des Himmels. Feste, die sich nach Mond und Sonne ausrichten, sind die kulturellen Errungenschaften aller Völker; sie werden noch heute weltweit gefeiert und zelebriert.

Die Erscheinungen der Natur nahmen einen ebenso wichtigen Platz ein wie die Zyklen, die der Mensch während seines Lebens erfuhr. Geburt, Kindheit, Erwachsensein, Elternschaft, Alter und Sterben wurden mit rituellen Festen des Übergangs begangen: Das Alte wird abgelegt, damit das Neue seinen Platz einnehmen kann.

Es kann sinnvoll sein, bei folgenden Ereignissen die Räume zu reinigen, um den Übergang und die Veränderung zu unterstützen:

Neubeginn: Geburt eines Familienmitglieds, Berufsstart, Heirat, Einzug in ein neues Haus u.a.

Loslassprozesse: Verkauf, Auszug aus dem Haus, Abriss eines Hauses, Trennung u.a.

Schwellensituationen: Krankheit, Lebenskrisen u.a.

Bewusstwerden von Fremdeinflüssen: Infektionskrankheiten, Fremdenergien u.a.

Zyklische Feste: Winter- und Sommersonnenwende, Frühlings- oder Herbsttagundnachtgleiche, Lichtmess, Allerheiligen u.a.

Reinigungstechniken sind eine Hommage an das Jetzt: Sie ermöglichen, das, was ist, zuerst ganz wahrzunehmen, zu würdigen und dann zu verabschieden. Neues wird nun begrüßt und eingeladen. So wird die Schwelle zwischen zwei Zuständen bewusst beschritten: heraustreten aus dem Lebensstrom, innehalten und neu ausrichten. Dies ist eine Fähigkeit, die in unserer schnelllebigen Zeit wieder besonders wichtig sein wird, denn sie befähigt, mit komplexen Lebenssituationen gut umgehen zu können.

Die kraftvolle Handlung:
der Ablauf

Die Zeit davor

Jetzt ist die Zeit, sich über die Absichten Ihrer Energie-arbeit völlig klar zu werden. Sehr hilfreich ist ein Aufräumen auf physischer Ebene. Putzen und säubern Sie alle Zimmer gründlich, schaffen Sie Ordnung und misten Sie alle unnötigen Dinge aus. Bereiten Sie Gegenstände vor, die Sie benötigen, und sorgen Sie für einen Zeitraum, in dem Sie konzentriert und ungestört arbeiten können.

Ideal sind in dieser Phase leichte Speisen. Damit Ihre Wahrnehmung nicht zu schwer ist, eignen sich Reis, Gemüse und Salat hervorragend. Kartoffeln, Fleisch, Kaffee und Schokolade ziehen die Energie ins Körperliche und können die Ätherwahrnehmung erschweren.

Die Absicht

MERKE: Der Energiefluss folgt der Absicht! Es ist also wichtig, sich der eigenen Absicht und Ziele bewusst zu werden. Eine negativ ausgerichtete Absicht schafft Schwierigkeiten, weil sie in Gut und Schlecht teilt. Aussagen wie »Diese muffige, schwere Energie muss weg«, »Die Vorbewohner waren engstirnig, das spürt man hier noch« oder »Das Zimmer ist unmöglich, da muss alles raus« nehmen den negativen Zustand in den Fokus. Folglich wird die Reinigung ein Kampf »gegen« diese Energien. Ist die Absicht aber positiv ausgerichtet, wird die Reinigung einfach werden, denn nun arbeitet man *mit* den Energien.

Sie sollten sich folgende Fragen stellen: Welches Ziel soll erleichtert werden? Welche Eigenschaften soll dieser spezifische Wohnbereich haben, um die Bewohner zu fördern? Welche Qualität, welche »Seele« soll im Haus wirken? Welche Schwelle (im Leben) will ich bzw. der Betreffende überschreiten? Was darf gehen, was soll kommen?
Beispielsweise: »Es soll zum Wohle des Hauses und der Bewohner sein«, »Hier soll ein warmer, geschützter Ort sein«, »Die ursprüngliche Energie wird gerufen«, oder: »Alle stagnierenden Energien dürfen nun frei werden ...«

Während der Arbeit hilft die beständige Visualisierung Ihres Ziels. Lassen Sie alle Gedanken und Meinungen los im Hinblick auf die Überlegung, weshalb die Energie schlecht sei, auf welche Weise sie sich zu bewegen habe und wieso sie wegmuss.

In der nun freien Achtsamkeit wird bewusst, wie Sie die Energie begleiten können, welcher Form von Wandlung Sie zustimmen und wo der richtige Platz für diese Energie bzw. was ihre reine Form ist. Lassen Sie alle vorgefertigten Ideen und Meinungen los, erst dann ist Ihre Wahrnehmung urteilsfrei und genau.

Diese innere Ausrichtung unterstützt Sie dabei, Energien an den »ursprünglichen Absender« zu schicken: »Alles was zu mir gehört, darf zu mir zurückkommen. Alles was nicht zu mir gehört, geht dahin, wo es hingehört.« – »Alles was im Raum ist, darf jetzt dorthin zurückkehren, wo es in seiner ursprünglichen Form ist – in Harmonie mit allem.«

Konzentrieren Sie sich, sammeln Sie Ihre Kräfte, geben Sie alles andere zurück, lassen Sie es los. Die Energien werden durch die Kraft der Absicht dahin gebracht, wo sie natürlicherweise hingehören. Es muss Ihnen nicht bewusst sein, wo das genau ist; die Absicht genügt, um sie dorthin zu begleiten.

Die Vorbereitung

Die hier vorgestellten Übungen sind gut erprobt und werden in Seminaren gelehrt. Sie helfen, sich auf die ätherische Welt einzustimmen sowie geschützt und kraftvoll zu arbeiten.

Die Mitte finden

Die Mitte ist der Raum in uns, wo wir ganz wir selbst sind. Hier zentrieren sich alle Kräfte in uns. Aus der Mitte gelebt, kann nichts das innere Gleichgewicht stören. Die Mitte findet sich meist im Bereich des Bauch- oder Brustraumes. Das Fokussieren auf den Nabel kann Ihnen beim Aufspüren der Mitte helfen. Ohne Mitte sind wir schutzlos. Durch das Öffnen hin zum Feinstofflich-Ätherischen sind wir allen möglichen Einflüssen ausgesetzt, die dann unbewusst bleiben. Bleiben Sie mit einem Teil Ihres Bewusstseins während der ganzen Arbeit permanent mit Ihrer Mitte verbunden.

Setzen oder stellen Sie sich bequem hin. Ihre Füße ruhen auf dem Boden, Ihr Körper ist aufrecht und entspannt.
Lenken Sie die Wahrnehmung auf Ihren Atem, wie er ein- und ausströmt. Verweilen Sie beim Beobachten des Atemstroms. Das rhythmische Ein- und Ausatmen hilft Ihrem Bewusstsein, sich zu fokussieren.
Atmen Sie eine Weile, bis Sie ruhig und konzentriert sind. Nun lassen Sie den Atem tiefer sinken, bis in Ihre Mitte hinein. Mit jedem Einatmen füllt sich Ihre Mitte mehr und mehr an, wird größer und kraftvoller, bis Sie ganz in sich angekommen sind.
Legen Sie zum Abschluss Ihre Hände auf die Stelle, wo sich die Mitte befindet. Dies ist Ihr Kraftzentrum, mit dem Sie sich jederzeit verbinden können.

Der eigene Raum

Die eigene Grenze ist der Bereich, an dem unser Energiefeld mit anderen Energiefeldern in Berührung tritt. Es ist die Zone der Begegnung. Ist die Aufmerksamkeit für diese ätherische Ausdehnung unseres persönlichen Raumes sensibilisiert, können wir selbstbestimmt in Aktion sein, statt unbewusst zu reagieren.

Verbinden Sie sich mit Ihrer Mitte. Nun fangen Sie an, die Kraft der Mitte mit dem Atemrhythmus langsam in alle Richtungen auszudehnen. Wie ein Ballon wird Ihre Mitte immer größer und größer.

Atmen Sie langsam und beständig. Dehnen Sie Ihre Mitte so weit aus, bis sie den ganzen Körper umhüllt. Werden Sie sich der Ausdehnung und ihrer Grenze bewusst.

Lassen Sie sich einen Moment Zeit. Welche Farbe hat dieser Raum? Welchen Klang? Welches innere Bild entsteht? Welches Gefühl taucht dazu auf? Speichern Sie diesen Eindruck gut im Gedächtnis. Er hilft Ihnen, Ihre Grenze als Zone der Begegnung positiv und kraftvoll zu nutzen.

Nun öffnen Sie sich nach allen Seiten in den Sie umgebenden Raum.

HINWEIS: Dehnen Sie bitte Ihre Mitte nur so weit aus, wie es sich angenehm anfühlt.

Die Verbindung mit Himmel und Erde

Durch die Ausrichtung auf die große räumliche Ausdehnung, in die wir Menschen eingebettet sind, weitet sich die Seele, und die Wahrnehmung wird stark intensiviert für das Räumliche, in dem wir uns bewegen. Der äther- und geistdurchdrungene Raum wird ins Bewusstsein geholt. Diese Verbindung zur Erde und zum Himmel wirkt stärkend und nährend.

Stellen Sie sich bequem hin, die Füße schulterbreit auseinander. Verbinden Sie sich über den Atem mit Ihrer Mitte, bis Sie ganz in sich angekommen sind.
Nun öffnen Sie Ihr Bewusstsein nach unten. Richten Sie die Wahrnehmung zur Erde. Lassen Sie mit jedem Ausatmen über Ihre Fußsohlen Wurzeln in die Erde hinein wachsen. Mit jedem Atemzug wachsen diese tiefer und tiefer in die Erde hinein, bis sie in der Mitte der Erde angekommen sind.

Verbinden Sie sich mit der Kraft der Erde. Lassen Sie die Kraft der Erde mit jedem Einatmen über die Wurzeln und die Füße in Ihre Mitte einströmen, bis Sie ganz erfüllt davon sind.

Nun öffnen Sie das Bewusstsein nach oben. Lassen Sie über den Scheitel des Kopfes Äste in den Himmel wachsen. Mit jedem Ausatmen dehnen Sie sich immer weiter und weiter aus, bis Sie in der Himmelsmitte – einem Bereich senkrecht über Ihnen – angekommen sind. Verbinden Sie sich mit der Kraft des Himmels. Lassen Sie mit jedem Einatmen die Kraft des Himmels über die Äste in Ihre Mitte einströmen. Nun atmen Sie gleichzeitig die Kraft des Himmels und die Kraft der Erde ein, die sich in Ihrer Mitte vermischen und etwas Neues bilden ...

Die Begrüßung

Bevor Sie mit dem Raum, den Menschen oder dem Ort zu arbeiten beginnen, verbinden Sie sich mit der Mitte, der Erde und dem Himmel und dehnen Ihr Bewusstsein in den Sie umgebenden Raum aus.

Nun begrüßen Sie alle Wesen und Kräfte, die da sind. Bitten Sie um ihr Wohlwollen und um gute Mitarbeit. Lenken Sie nacheinander Ihr Bewusstsein zum Land und dem Ort hin: den Bergen, den Seen, den Elementen, den Tieren, den Pflanzen, den Menschen, den Elementarwesen, Devas und allen anderen Wesen und Kräften. Auch wenn Sie diese nicht selbst wahrnehmen, werden sie da sein und Sie bei Ihrer Arbeit wohlwollend unterstützen. Danken Sie nach Beendigung der Arbeit für die gute Zusammenarbeit. Die Wesen und Kräfte werden Ihnen dann gerne immer wieder zur Seite stehen.

Die Wahrnehmung

Gehen Sie durch alle Räume. Öffnen Sie Ihre Sinne. Sehen, riechen und schnuppern, fühlen, hören, erspüren Sie die Qualitäten, die Atmosphären. Nehmen Sie verschiedene Positionen ein, lassen Sie sich Zeit, die Wohnung langsam zu durchschreiten. Nehmen Sie alle Eindrücke bewusst wahr. Machen Sie sich Notizen. Es hilft auch, unscheinbarere Wahrnehmungen aufmerksam zu registrieren.

Ihre Wahrnehmung wird mit jedem Begehen eines Raumes klarer werden. Ätherstrukturen werden für Sie immer sichtbarer und besser fühlbar, weil Sie sie von nun an ins Zentrum Ihrer Aufmerksamkeit rücken. Also keine Sorge, wenn Ihnen bei den ersten Malen keine differenzierten Beschreibungen möglich sind.

Das Ätherische zeigt sich unseren fünf Sinnen. Wir können mit der Zeit Verdichtungen, Farben, Schatten, Ablagerungen u.a. sehen. Das Körpergefühl lässt uns Enge, Schwere, Stagnation, Leere, Kälte etc. wahrnehmen. Emotional sind wir fähig, Trauer, Freude, Angst, innere Programme und Lebensmuster zu erfassen. Der Geruchssinn zeigt uns, wo Muffiges, Stagniertes zu reinigen ist, und die Ohren hören den Klang des Hauses und die verschiedenen Klänge des Äthers. Das

Schließen der Augen unterstützt dabei die Konzentration. Die ersten Eindrücke sind meist richtig und sehr genau.

Wenn Sie etwas als unangenehm wahrnehmen, lassen Sie sich Zeit. Es ist wichtig, neutraler Beobachter zu werden. Machen Sie nochmals die Übung »Die Mitte finden« (siehe S. 38).

Versuchen Sie, nicht nur Ihre Reaktion – »Das ist unangenehm« – wahrzunehmen, sondern die Energie genauer zu bestimmen. Seien Sie fair. Alles hat seinen guten Grund, da zu sein, auch wenn es subjektiv gesehen für uns unangenehm ist. Schauen Sie immer wieder aus verschiedenen Perspektiven hin. So werden sich Ihnen die Energie, der Grund einer Stagnation oder negativen Polarisierung, aber auch die Wege zur Heilung erschließen. Seien Sie achtsam und widmen Sie sich kraftvoll Ihrer Arbeit.

Es erfordert viel Selbstdisziplin, immer wieder unser Denken von Gut und Schlecht zu transzendieren. Stellen Sie sich vor, Sie leben in einem Haus, dessen Energien Ihnen schwierig erscheinen. Solange Sie nun ganz selbstbezogen leben, erkennen Sie nur, wie schlecht es Ihnen geht, wie ungut das Haus ist. Falls Sie nun zu räuchern anfangen, um all das »Schlechte« zu entfernen, arbeiten Sie auf der Ebene von Gut und Böse; Sie bestimmen, was scheinbar schlecht ist. Allerdings: Das ist *Ihre* Reaktion und Sicht auf etwas – nicht mehr und nicht weniger. Sobald Sie etwas als »schlecht« definieren, schieben Sie ihm Schuld an Ihrem (Un-)Wohlergehen zu. Nun ist das Haus für Ihr Unglück verantwortlich, und ähnlich wie Schuldzuweisungen in einem Fiasko enden, wird die Situation dadurch eher verschlimmert, nicht verbessert. Versuchen

Sie stattdessen, die Position des Beobachters einzunehmen, denn so sind Sie in der Lage, objektiv zu bleiben.

Während meiner Ausbildung machte ich eine sehr eindrückliche und prägende Erfahrung: Bei einer Ortsbegehung baute sich plötzlich eine schwarze, bedrohliche Wolke auf, die immer dichter wurde – eine dicke Wand kam mir entgegen. Einen Moment lang wollte ich eingeschüchtert reagieren, denn es beeindruckte mich mächtig, so einer geballten Energie gegenüberzustehen. Doch irgendwie gelang es mir, geistesgegenwärtig zu bleiben. Ich richtete meine ganze innere Kraft aus und stellte mit ehrlichem Interesse die Frage: »Was brauchst du?« Sogleich vernahm ich das Wort »Liebe«. Es war so konträr – einerseits dieses geballte dunkle Erscheinen, andererseits die Aussage, was es sich zu erhalten erhoffte –, dass es mir plötzlich leichtfiel, weiterhin wahrzunehmen, wie diese »Liebe« gemeint war. Plötzlich war alles offen und freundlich; durch den inneren Dialog und die Wahrnehmung stellte sich heraus, dass diese Wolke durch ein früheres Ereignis der Menschen an diesem Ort erzeugt worden war und wie ein stagnierendes Feld jahrelang erhalten blieb und weiterwirkte.

Die dunkle Gestalt spiegelte die Ursache wider: die Gefühle einer Gemeinschaft, die nicht gelebt werden durften, weil sie in einem strengen Glaubenskontext verboten, also tabu waren. Die Negierung erzeugte die Dunkelheit. Die Menschen hatten kraft ihres Glaubens eine natürlich existierende Kraft zu etwas Mächtigem, Negativem verändert. Das Bedürfnis »Ich brauche Liebe« zeigte nun, dass diese verleugnete Kraft von den Menschen erkannt, angenommen und integriert werden sollte, damit sie gehen konnte.

Wir suchten einen Ort, der diese alte Schicht reinigen und heilen konnte, denn die Menschen von damals lebten nicht mehr hier und konnten nicht aktiv eingebunden werden. Ein kleiner Bachlauf an der Grundstücksgrenze wurde gefunden, der die Reinigungsarbeit bereitwillig übernahm. Das Wasser des Baches wurde rituell um Unterstützung gebeten, das Angebot der Reinigung wurde angenommen, und über längere Zeit baute sich dieses Feld ab, bis es ganz gelöst war.

Seither ist das Gelände viel freier und offener geworden. Die Menschen konnten Frieden schließen, und dieses alte Ereignis war nun wirklich Vergangenheit geworden.

Die Reinigung

Sobald die alten Prägungen im Äther bewusst sind und die genaue Absicht formuliert oder als innere Ausrichtung fokussiert ist (z.B. als Gefühlszustand, Bild u.a.), entstehen automatisch erste Eindrücke, mit welchen Mitteln und Techniken die Reinigung vollzogen werden soll. Lassen Sie nun Ihre Intuition und Ihr Gefühl walten. Falls Sie vorhatten, zu räuchern, doch spontan den Eindruck gewinnen, ein rituelles Feuer sei hier sinnvoller, folgen Sie dem Impuls.

Kündigen Sie dem Raum Ihre Absicht an. Danken Sie im Voraus für ein gutes Miteinander und laden Sie Ihre Helfer ein. Sie sorgen dafür, dass Sie auf Fehler aufmerksam gemacht werden und Sie nicht alles selbst sehen und wahrnehmen müssen.

Gehen Sie wie ein Bildhauer vor. Mit den »groben Werkzeugen« behauen Sie zuerst die ungefähre Form, um dann mit immer feineren Methoden die Nuancen herauszumodellieren, bis die Form in allen Feinheiten stimmig ist. Nutzen Sie dazu verschiedene Techniken. (Siehe die Methoden S. 37 ff.) Irgendwann werden Sie bemerken, dass es »nun gut ist«. Sobald dieses Gefühl eintritt, beenden Sie die Arbeit.

Legen Sie bewusst alle Hilfsmittel nieder. Es ist nun alles getan. Lassen Sie alles los, Sie brauchen nichts mehr zu kontrollieren. Geben Sie so der Arbeit Ihren Segen. Sollte noch irgendetwas Ihrer Aufmerksamkeit bedürfen, wird es sich später bemerkbar machen. Danken Sie dem Ort, dem Haus und den Bewohnern und allen beteiligten Energien (auch wenn Sie sie nicht kennen oder wahrnehmen). Sollten Sie sich selbst belastet und »voll« fühlen, nehmen Sie eine Dusche und lassen Sie die überschüssig aufgenommene Energie mit dem Wasser wieder los. Gönnen Sie sich eine Zeit, in der alles in Ihnen nachklingen darf.

Der Segen

Räume sind nie leer. Wenn wir etwas entfernen, haben wir immer auch einen Wunsch, was stattdessen da sein soll. Ein Sakralbau wie eine Kirche wird geweiht, mit etwas Bestimmtem gefüllt. Meist wird eine Gottheit angerufen durch eine sakrale Handlung, ein geweihtes Gefäß oder Element. Es ist das höchste Prinzip, dessen Segen man in den Raum holt. Das kann aber auch der Segen der Familie oder die Kräfte der Erde und des Himmels sein, die die höchsten Prinzipien für jemanden verkörpern.

Ich rufe gerne die ursprüngliche, eigentliche Kraft von jemandem oder etwas herbei und lade sie ein, ihren Raum wieder einzunehmen. Ein rituelles Klopfen hilft mir dabei, den Geist des Ortes, des Hauses oder auch eines Menschen (das heißt sein innerstes, heiles, ewiges Wesen) zu rufen, um ihm den angestammten Raum zurückzugeben. Ich hangle mich wie an einer Nabelschnur durch alle Probleme, Verdrehungen, Schatten, Geschichten und komplexen Beziehungen bis dahin, wo das Ursprüngliche sichtbar ist. Dieses Ursprüngliche lade ich ein. Es durchleuchtet alle Ätherfelder von innen und wandelt alles, was nicht zum ursprünglichen Lebensplan gehört. Stille, Gebete, Mantras und Gesänge können die Segnung der Räume begleiten.

Für die energetische oder rituelle Arbeit benötige ich Räume, welche die Arbeit mittragen können und die genug Frische und Gleichgewicht haben.

Einmal mietete ich einen Raum für ein Seminar, den ich vorher nicht besichtigen konnte. Als ich ihn betrat, war aller möglicher Unrat da – ein Durcheinander an Energien. Also begann ich notgedrungen, ihn zu reinigen, was einige Zeit in Anspruch nahm. Mit Klangschalen lockte ich alles aus den Wänden. Mit meiner Vogelfeder bewegte ich das Verhaftete, Muffige zum offenen Fenster hin. Mit Rauch beruhigte sich das Durcheinander, und mit dem abschließenden Klang der Klangschale webte ich ein verbindendes, tragendes Feld in den Raum.

Als die Seminarteilnehmer eintraten, waren alle begeistert von diesem schönen Raum. Zuerst war ich erstaunt: Durch die Reinigung war eine ganz andere Sphäre entstanden, auf die alle mit Wohlwollen reagierten.

Der Vermieter erzählte später von den spirituellen Tätigkeiten dort und wie sehr sie die Räume positiv mitprägen würden.

Aus meiner Sicht war diese Wirkung leider nur schwach; der Raum war ja nie das Ziel ihrer Arbeit gewesen. Eine rituelle Seminarraum-Pflege wäre kraftvoller und direkter. Der Segen könnte viel stärker aufgenommen werden.

Die energetische Hausreinigung:
die Methoden

Das Räuchern

Auf allen Kontinenten der Erde wird das Räuchern zu verschiedensten Zwecken genutzt.

Dämonen und Geister werden mit Rauch vertrieben, und Segen bringende Geister werden eingeladen. Orte und Häuser werden gereinigt und geweiht, kranke Menschen und Tiere werden behandelt.

Auch in den Ahnenkulten spielt das Rauchwerk eine zentrale Rolle. Da der Rauch nicht mehr Physis ist wie das Harz oder das Holz, aber auch nicht Geist, wird er zum idealen Gefähr-

ten – ein Mittler zwischen den Welten. Er hilft, Nichtsicht-
bares sichtbar zu machen, und schenkt so dem Menschen
die Gabe, sich gezielt in den ätherischen Ebenen zu bewegen.

Die Auswahl der Räuchersubstanzen

Bei einer Erkältungsräucherung werden wahlweise antibak-
teriell wirkende Zutaten wie Wacholder, Fichtenharz, Tanne
und Salbei (medizinisches Räuchern) verräuchert. Wird die
Räucherung vorwiegend zum Reinigen und Erfrischen der
ätherischen Strukturen vorgenommen, eignen sich andere
Pflanzengaben (siehe »Räucherstoffe«, S. 62 ff.). Die einma-
lige Konstellation eines Hauses, seiner Bewohner und ihrer
Themen führen dazu, immer wieder andere Räuchersubstan-
zen zu gebrauchen. Mit der Zeit wird aber jeder Mensch seine
Lieblingsräucherungen finden, denn es bleiben nur die Pflanzen bei ihm, die wahrlich passen.

Vor etlichen Jahren kam der Wacholder in mein Leben. Als
Räucherstoff »sprang« er mich förmlich an, auch zu Hause
fühlte er sich sehr präsent an: Er »dehnte« sich räumlich aus
und wies mich an, mit ihm zu arbeiten. Zu dieser Zeit arbei-
tete ich sehr intensiv auf den Ebenen der Ahnen des Landes
und der Ahnen der Familien. Ich empfand den Wacholder als
feine und trotzdem sehr starke, »erdend-durchseelende«
Pflanze, die auch bei der Ritualarbeit mit Gruppen ein wun-

*derbares Geleit in die Ah-
nenarbeit schenkte. Der
Wacholder wurde meine
Räucherpflanze.
Erst ein paar Jahre später
erkannte ich, dass dieser
Pflanze seit ältester Zeit
gerade auch diese Kraft
zugesprochen wurde.*

*Heute ist mir der Wacholder heilig; in einer Räucherung ist es
die große Ahnin selbst, die durch das Auflegen der Wachol-
derbeeren auf die Kohle mit ihrem Segen präsent ist.
Ihre Wirkung im Raum ist viel stärker spürbar, hält länger an
und schwingt auf viel mehr Ebenen mit, als wenn ich nur die
reine Substanz nutzen könnte.*

Wie wähle ich die Räuchersubstanzen aus?

Zentrieren Sie sich auf Ihre Absicht: Was möchten Sie mit
dieser Räucherung erreichen? Nun stellen Sie sich vor, diese
Absicht dehnt sich im Raum aus, sodass Sie alle Räuchersub-
stanzen wahrnehmen können. Jene Pflanzen, die Ihnen dabei
behilflich sein können, Ihre Absicht zu verwirklichen, werden
sich nun bemerkbar machen.
Bleiben Sie möglichst »gedankenlos«, achten Sie mehr auf
Ihren Körper und den ihn umgebenden Raum. Vielleicht be-

merken Sie ein Ziehen in eine Richtung. Folgen Sie ihm, bis es aufhört. Warten Sie oder schauen Sie hin. Fällt etwas stärker auf als vorher? Führen Sie Ihre Hand in geringem Abstand über die verfügbaren Substanzen. Kommt ein Gefühl auf, das sich als Anziehung beschreiben ließe? Obwohl diese Art des Findens am Anfang eine gedankliche Unsicherheit zurücklässt (»Weiß ich denn jetzt, ob ich es ›richtig‹ fühle?«), werden Sie bei der Räucherung bemerken, dass dies ein sehr guter Weg ist, »Ihre« Pflanzen zu finden.

Experimentieren Sie, freuen Sie sich an der Fülle der Räucherstoffe! Das Verbrennen der Substanzen, das Riechen, Schnuppern sowie In-Rauch-Einhüllen ist eine schöne Art, sich mit den unterschiedlichsten Stoffen bekannt zu machen. Es baut eine Brücke und öffnet die Wahrnehmung für die Substanz.

Gehen Sie in die Natur. Zentrieren Sie sich auf Ihre Absicht und lassen Sie sich ziehen. Welche Pflanzen begegnen Ihnen, wohin fällt Ihre Aufmerksamkeit? Welche Gaben werden Ihnen geschenkt? Diese Art des Sammelns ist den meisten Menschen in Mitteleuropa fremd, weil sie sich zu stark von der Natur gelöst haben; sie empfiehlt sich also erst, wenn Sie schon mehr Räuchererfahrung gesammelt haben und der Bezug zu den Pflanzen besser gefestigt ist.

Harze, Hölzer und Kräuter müssen vor dem Räuchern meistens getrocknet werden, sonst verdampft das Wasser zu starken Nebelwolken oder glüht nicht. Falls sich Ihnen unbekannte Pflanzen zeigen, können Sie sie mittels Literatur bestimmen.

ACHTUNG! Da beim Verräuchern von giftigen Pflanzen die toxischen Stoffe über die Lunge aufgenommen werden und toxische oder psychoaktive Wirkungen möglich sind, bitte nur bekannte Pflanzen anwenden!

Die Praxis des Räucherns

Um Kräuter, Harze oder Hölzer verbrennen zu können, benötigt man Feuer oder eine Glut.

In eine feuerfeste Schale wird Sand gegeben und darauf die Kohle gelegt. Im Handel gibt es fertige Räucherkohle, die schnell eine gleichmäßige Glut entwickelt. Das Entzünden der Kohle kann bewusst genutzt werden, um sich zu zentrieren und in sich still und ruhig zu werden.

Nun werden die Harze, Hölzer und Kräuter auf die Glut gelegt. Im Verbrennungsprozess werden die von den Pflanzen gesammelten Kräfte frei; mit dem Rauch durchweben sie die Luft und den ätherischen Raum und verändern je nach ihrer Art das ätherische Geflecht.

Mit gezielten Bewegungen der Feder und mit der Absicht wird das Ätherische gelenkt. Auch Pflanzenwedel sind ideale Helfer, um mit Rauch und Bewegung den ätherischen Raum zu reinigen.

Gehen Sie beim Räuchern von Raum zu Raum. Beginnen Sie im Keller, denn Rauch steigt nach oben. Räuchern Sie alles gründlich. Wenn Sie mit dem Lauf der Sonne arbeiten möchten, gehen Sie im Uhrzeigersinn durch jeden Raum. Bei Verdichtungen und Stagnationen wird länger geräuchert. Nutzen Sie Ihre Bewegung und die Kraft der Absicht. Visualisieren Sie, dass mit der Bewegung von Rauch und Feder alles Alte aufgenommen und hinaustransportiert wird, wo es sich zu seinem Wohl in Äther wandelt. Gehen Sie in alle Ecken, denn hier staut sich gerne das Alte auf.

Öffnen Sie das Fenster, wedeln Sie den Rauch mit kräftigen Bewegungen hinaus.

Gehen Sie durch alle Räume: Keller, Erdgeschoss, Obergeschoss, Garage, Abstellkammern und Ställe; gehen Sie mit dem Räuchergefäß zum Schluss um das Haus. Damit setzen Sie ein Zeichen, die Arbeit ist beendet.

Bei der spezifischen Räucherung reinigen Sie nur einen Gegenstand, zum Beispiel das Wohnzimmer, die Eingangstür oder diesen einen Platz, an dem Sie die Verdichtung wahrnehmen. Zeitgleich wird darauf geachtet, was der Raum braucht: Welche Räucherstoffe »nähren« ihn? Wie wird das Gereinigte gesegnet?

Es gibt spezielle Orte der rituellen Reinigung. So sind die vier Ecken symbolisch mit den vier Weltgegenden bzw. Himmelsrichtungen gekoppelt. Sie verkörpern die ganze Welt. Das Ausräuchern der vier Ecken galt stellvertretend für alles im Haus. Alles was zu lösen war, zeigte sich hier und konnte hier gereinigt werden. (Sie erinnern sich: Die Absicht formt den Äther. Wenn die vier Ecken alles im Haus repräsentieren, so findet sich hier auch alles!) Dieses Prinzip wurde gerne genutzt.

Wenn die Heiligen Drei Könige am 6. Januar von Haus zu Haus ziehen, tragen sie ein Weihrauchgefäß bei sich. Nach dem Segenslied werden das aktuelle Jahr und »CMB« an die Tür geschrieben; das bedeutet: »Christus mansionem benedicat – Christus segne dieses Haus.« Der Weihrauch reinigt, beendet das Alte, der Segensspruch schenkt Schutz für das nächste Jahr.

Das Räuchern und Segnen der Haustür sollte ebenfalls auf allen Ebenen wirken: Die Tür steht für das ganze Haus. Auch das rituelle Umschreiten eines Feldes, wobei Segenssprüche in die vier Himmelsrichtungen gesprochen werden, stammt aus dieser Tradition.

Je kraftvoller eine Reinigung sein soll, je komplexer die Umstände, desto stärker sind die rituellen Formen, die sich an solchen Grundordnungen orientieren. Bei einem mehrstöckigen Großbau, bei sehr alten, geschichtsträchtigen Orten und Häusern würde eine Reinigung durch eine separate Räucherung der Einzelobjekte schnell zur mehrtägigen Arbeit. Hier eignen sich rituelle Formen hervorragend.
Bevor Sie das jedoch tun, eignen Sie sich bitte Erfahrung an. Beim langsamen Durchschreiten jedes Raumes lernen Sie die Reaktionen des Äthers kennen, Sie üben Ihre Wahrnehmungsfähigkeit und die Kunst, zu beobachten. Erkennen Sie die Veränderung durch das Räuchern zuerst in den eigenen Wohnräumen. Erst wenn Sie grundlegende Erfahrungen gesammelt haben, können Sie für andere Menschen und in fremden Räumen Reinigungen durchführen. Dies sind sehr

kraftvolle Methoden; sie sollten nicht leichtfertig und unbedarft angewendet werden. Es steht in Ihrer Verantwortung, angemessen zu handeln.

Räucherstoffe

Hier eine kleine Auswahl an Räucherstoffen:

Beifuß: Alte Schutz-, Heil- und Zauberpflanze; Wetterpflanze[1]. Kann alte Kräfte binden und im Feuer transformieren (Sonnenwendgürtel). Starke Reinigungs-, Schutz- und Segensräucherung; bringt Energie in Fluss, wehrt negative Kräfte ab. Im Haus aufbewahrt, schützt er alle Bewohner. Moxastäbchen (bei der Akupunktur) bestehen aus Beifuß-Kugeln, die verbrannt werden.

Drachenblut: Für Schutzzeremonien. Zentriert im Körper, aktiviert die Urkräfte. Kann sehr intensiv sein (bitte am Anfang fein dosieren!). Raumenergetisch starke Aktivierung der Urkraft der Erde sowie gute Mischbeigabe für Reinigungs-Räuchermischungen.

Engelwurz: Blüte und Samen. Schutzräucherung, Reinigung alter Häuser. Kann desorientierte verstorbene Seelen begleiten. Besondere Transformationskraft umhüllt mit Licht.

Fichte: Nadeln, Zapfen, Harze. Süßlich, erdend und ätherisch weitende Wirkung. Erfrischt Körper und Geist, lässt den Körper seinen Platz am Ort finden. Hauptzutat zur Raunachtsräucherung. Bringt Räumen Frische und neuen Schwung. Bringt alte Wunden zum Heilen ans Licht. Reinigung und Schutz.

Johanniskraut: Blüte. Wetterpflanze. Beeinflusst den Feuer-Äther positiv. Hilft gegen Traurigkeit, Depression, Angst vor dem Dunklen. Bietet Schutz vor dunkler Energie.

Kampfer (natürlicher Kampfer): Gute Hilfe bei Atembeschwerden; befreit die Atmung, reinigt sehr stark! Ideal für Intensivreinigungen, zur Klärung sehr starker energetischer

---

[1] **Wetterpflanzen** wie Johanniskraut, Beifuß, Königskerze, Eisenkraut, Schafgarbe und Rainfarn werden als wetterregulierende Pflanzen geräuchert. Sie bauen Spannungen im Ätherischen ab, weswegen sie sich auch bei Elektrosmog und Streit eignen.

Prägungen und nach intensiver Ritualarbeit. Wirkt stark zentrierend und holt in die eigene Präsenz zurück. Belebend und energetisierend. Reinigt den Luft-Äther und teilweise den Erd-Äther.

Königskerze: Blüte und Samen. Beeinflusst auch den Feuer-Äther. Gut bei Depression. Hilfreich zum energetischen Räuchern von Räumen, in denen sich geballte negative Energien sammeln können.

Lorbeer: Beeinflusst u.a. den Feuer-Äther, reinigt hervorragend den Luft-Äther. Befreit und klärt die Gedanken, fördert visionäre Schau. Schützt vor »finsteren Gewalten«. Lässt Unterbewusstes dezent aufsteigen.

Mistel: Besonders geeignet bei Störungen der Ätherebene durch Erdstrahlen. Fördert die klare Vision (Luft/Feuer). Verwandelt langsame, negative Schwingungen in höhere. Bringt Licht ins Unbewusste.

Palo Santo: »Heiliges Holz«. Aromatischer, süßer, eher männlicher Duft. Verbindet mit den Erd- und Pflanzenkräften. Beruhigt den Geist. Festigende Eigenschaften. Gut zur Aktivierung der ureigenen Kraft eines Ortes.

Salbei (weißer Salbei): Traditioneller Salbei zur Hausreinigung. Durchdringend bis »in alle Fasern«, löst und reinigt alle Energien. Reinigung des Luft-Äthers. Klärt, fördert die Konzentration. Reinigt Häuser, Aura und Räume.

Thymian: Verbindet mit den eigenen Kraftreserven. Wirkung auch auf der Feuer-Äther-Ebene. Intensiv-aromatischer Duft. Stärkt die Seele, reinigt.

Wacholder: Gilt als einer der ältesten Räucherstoffe. Zur Vertreibung von negativen Energien und »bösen Geistern«. Seelenanteile im Raum oder »Rückstände Verstorbener« können gut wahrgenommen und positiv beeinflusst werden. Bringt Lebensenergie für Mensch und Raum.

Weihrauch (Olibanum): Hat einen lieblichen, würzig-frischen, ätherischen Charakter. Vermittelt gut bei spiritueller Arbeit. Klare Ausrichtung des Geistes. Im Raum erzeugt er Stabilität und eliminiert unerwünschte Energien.

Zedernholz: Aromatisch-schützender, männlicher Duft. Emotional sehr tragend und Kraft gebend. Tiefe, Ruhe und Gelassenheit stärkend. Bringt die Kraft in Räume zurück. Reinigt bei Rückständen Verstorbener im Raum sowie hektischer und zerstreuter Raumenergien.

Die vier Elemente

Bei der Arbeit mit dem Land sind die vier Elemente als grundlegende Kraft da. Gerade in der rituellen Arbeit sind sie gerne gegenwärtig und arbeiten mit uns. Oft erscheint just in dem Augenblick, da eine innere mentale Anhaftung erkannt wird, eine Windböe (Luft), als wollte sie dazu auffordern, in Bewegung zu kommen. Das Wasser erscheint gerade dann in Form von Regen, wenn alles abgestreift gehört, und wird als befreiend erlebt. Feuer oder Sonnenschein tauchen dann auf, wenn innerlich ein heilsamer Entschluss gefasst wurde – wenn das Behindernde, Alte durch die geistige innere Neuausrichtung und Willenskraft geändert wird. Die Erde erscheint in Felsen und Mulden; sie gewährt uns oft den Ort, an dem Rastloses zur Ruhe werden und Belastendes abgegeben, losgelassen und abgestellt werden kann. Die Elemente wandeln, was wir zu verändern bereit sind.

Diese Erfahrungen, die ich zuhauf bei den rituellen Arbeiten draußen machen durfte, halfen mir dabei, die Elemente bewusst auch in die Arbeit mit Innenräumen einzubeziehen. Zur Einstimmung suche ich sie gerne auf, denn die echten, physischen Elemente sind kraftvoller als die bloße Vorstellung davon.

Das Element Luft

Luft ist Atem und Gedanke. Sie repräsentiert erhabene Ideale, Freiheit und Bewegung. Sie ist nicht einzudämmen. Sie ist Wahrnehmung, Kommunikation, Idee und Leichtigkeit.

Luft ist:
- weite Räume, leichte Materialien
- Bewegung des Menschen im Haus
- Gedanken und Ideen der Menschen am Ort
- große Winde der Erde; Sturm und erfrischende Brise

Einstimmung auf das Luft-Element

Konzentrieren Sie sich auf Ihren Atem, bemerken Sie das Ein- und Ausströmen, die stetige Bewegung. Gehen Sie mit Ihrer Wahrnehmung an die Hautoberfläche. Hier können Sie Kontakt mit der Luft aufnehmen. Wie fühlt sie sich heute an? Sanft und kühl oder fordernd und bewegt? Begrüßen Sie das Element Luft. Werden Sie sich der Atmosphären und weiten Winde bewusst, die über Ihnen sind bis in unglaubliche Höhen; sie sind Teil der Erde. Verbinden Sie sich mit dem Element Luft, dehnen Sie sich in dieses Luftreich hinein aus.

Raumwahrnehmung

Bei negativem Luft-Äther erscheint der Raum leicht bis stark »virtuell« oder seltsam überlagert mit chaotisch, verwirrend oder unklar wirkenden Gedankenfetzen.

Die Reinigung und Aktivierung des Luftigen kann angebracht sein bei blockierten, stagnierenden Bewegungsimpulsen. Bei Rastlosigkeit und flirrenden Raumenergien wird hingegen durch die Reinigung beruhigend gearbeitet.

Allgemein kann an Stellen, wo viel geistig (Meditation) oder mental (Denken) gearbeitet wird, der Luft-Äther unterstützend gereinigt werden, aber auch bei psychischen Erkrankungen oder längeren Lebenskrisen und Umbrüchen (starke gedankliche Belastungen). Während oder nach der Räucherung werden die Fenster geöffnet.

Methoden der Reinigung

Räucherungen mit Pflanzen, Harzen oder Hölzern reinigen den Luft-Äther. Bevorzugt wird mit der Feder gearbeitet, da diese selbst zum Luft-Element gehört und die Kraft verstär-

ken kann. Stagnierende Energien werden mit fließenden, rascher werdenden Bewegungen in Fluss gebracht, unruhige hingegen mit langsamer werdenden Bewegungen beruhigt. Feste Einprägungen werden mit starken, zielgerichteten Bewegungen aufgerüttelt.

Der Luft-Äther wird auch mit kräftigen, ausladenden Bewegungen der Hände und des gesamten Körpers, mit Ausstreichen, Schieben, Wedeln oder Sammeln bewegt. Diese Methode erfordert eine starke innere Ausrichtung; hier bewegt »der Geist, der die Bewegung lenkt«, den Äther. Unterstützend kann z.B. ein ätherisches Öl mit der gewünschten Kraft in den Handflächen verrieben werden (z.B. Kampfer für starke Reinigungen). Zur Beruhigung können Sie beispielsweise Lavendel, als Erfrischung Zitrone verwenden.

Der Luft-Äther an oder in Gegenständen kann gereinigt werden, indem man das Objekt mehrere Stunden oder sogar einige Tage der Sonne und der Luft aussetzt. Fokussieren Sie sich auf den Raum, »befehlen« Sie ihm, mit dem nun durchziehenden Wind alle alten Prägungen loszulassen. Laden Sie den Wind ein, erlauben Sie ihm, nun den Raum zu klären. Bleiben Sie achtsam, bis Sie das Gefühl haben, die Reinigung ist vollzogen. Bedanken Sie sich beim Wind, schließen Sie rituell die Fenster. Falls der Wind zu intensiv kommt, dürfen Sie jederzeit darum bitten, er möge »beständig und sanft reinigen«. Es ist kein

Sturm vonnöten, um mit der Kraft der Luft zu reinigen, manchmal nur etwas mehr innere Ausrichtung und Geduld.

Eine weitere Methode ist das rituelle Fegen. So wurden früher die vier Hausecken ausgefegt und die alte Energie über die Hausschwelle nach draußen gekehrt. Der Besen oder ein frischer Pflanzenwedel und die rhythmisch-dynamische, kraftvolle Bewegung erzielen die reinigende Wirkung. So können auch der Körper sowie Gegenstände, Ecken und Möbel »gefegt« werden. Hierbei spielt die Pflanzenwahl eine nicht unerhebliche Rolle. Die Birke erzeugt z.B. viel Luft-Äther um sich herum und ist als Frühlingsbaum und Blutreiniger dazu prädestiniert, das Alte zu entfernen und die neuen, frischen Lebenskräfte zu wecken.

Zum Luft-Element gehört die Gedankenkraft. Daher wirken Visualisierungstechniken sehr kraftvoll bei der Reinigung des negativen Luft-Äthers. Zentrieren Sie sich gut und fokussieren Sie sich auf die gewünschte, angestrebte Raumqualität. Nun öffnen Sie Ihre Wahrnehmung für den Raum, wie er ist. Vielleicht tauchen erste innere Bilder und Eindrücke auf, was der Raum braucht. Diese Bilder visualisieren Sie innerlich. Ist die Energie stumpf, visualisieren Sie Wind, der durch das Zimmer zieht und alles Dumpfe mitnimmt. Das Visualisieren wird so lange beibehalten, bis Sie die Veränderung bemerken.

Auch Farben können gut visualisiert werden. Bei depressiven Gedankenstrukturen im Raum ist ein Sonnengelb lösend. Bei zwischenmenschlichen Problemen kann Grün vermittelnd wirken, bei geistiger Antriebschwäche Rot. Orange stärkt die Raumdynamiken und bringt neuen Schwung hinein. Blau beruhigt, klärt die Gedanken und stärkt das Geistige. Violett wird gerne als Transformationsbringer visualisiert (Blau für Geist, Rot für Lebenskraft). Weiß erzeugt Freiheit und Kühle und kann chaotische Gedanken ordnen.
Verstärken Sie die Wirkung der Farben, indem Sie ihr natürliches Vorkommen in der Welt mitvisualisieren: Gelb und Sonnenkraft, Rot und Blut oder wertvoller Beerensaft, Grün und Vegetation, Blau und Himmelstiefe, Weiß und die kristalline Struktur des Schnees oder der Kristalle.

Es gibt enorm viele Visualisierungsmethoden, weswegen hier nur einige Beispiele genannt werden. Gehen Sie vor wie beim Räuchern. Oft ist es hilfreich, die rein geistige Arbeit der Visualisierung mit einer körperlichen Tätigkeit auszuführen, um die Ausrichtung und Kraft zu verstärken. Kombinieren Sie es mit den oben beschriebenen Reinigungstechniken.

Luft-Element stärken

Nach einer Reinigung kann das »leer Gewordene« neu gefüllt werden. Wenn ein Raum zu eng ist und die Bewegung oder Gedanken deutlich schwerer fallen, kann das Hereinrufen des Elementes Luft die Leichtigkeit verstärken und nährend wirken. Zum Hereinrufen verbinden Sie sich, wie oben beschrieben, mit dem Element Luft. Welche Eigenschaften benötigen Sie? Welche spezielle Kraft bitten Sie herein? Bitte erinnern Sie sich, dass Luft erfrischend, inspirierend, kraftvoll sowie zerstörend (Sturm) sein kann. Bitten Sie nur die Qualität hinein, die Sie wünschen. Mit Worten, einem Gefühl, einem inneren Bild u.a. können Sie sich innerlich ausrichten. Nehmen Sie die obigen Methoden, um das Element Luft im Raum zu stärken, und wiederholen Sie dies regelmäßig, bis diese Prägung im Raum stabil geworden ist.

Das Element Wasser

Gefühle und Emotionen, Intuition und Spiritualität, heilige Träume und mediale Sinne sind dem Wasser-Element zugeordnet. Wasser wandelt und besänftigt; es nimmt jede Form an und bleibt sich doch treu. Wasser ist Weichheit und Stärke.

Wasser ist:
• gerundete, fließende Formen
• der Äther selbst, der wasserähnlich ist
• Gefühle und Emotionen der Menschen
• große Ströme und Ozeane der Erde

Einstimmung auf das Wasser-Element

Sorgen Sie immer für genügend pures Wasser im Körper. Es ist unerlässlich für eine stabile Körperenergetik, und in der rituellen Arbeit ist es sehr unterstützend! Trinken Sie zur Einstimmung bewusst ein paar Schlucke Wasser. Begrüßen Sie es würdevoll als kostbaren Lebensbringer.

Reinigen Sie die Hände unter fließendem Wasser oder benetzen Sie sie zumindest leicht. Sie können auch schwimmen gehen. Falls kein physisches Wasser vorhanden ist, stellen Sie sich vor, von oben falle ein feiner, alles reinigender warmer Regen auf Sie, der alles Störende mit sich nimmt. Steigen Sie in Gedanken in einen See oder Fluss, gehen Sie so tief ins Wasser, wie es sich vertraut und angenehm anfühlt. Verbinden Sie sich mit seiner Kraft, nehmen Sie sie in sich auf und danken Sie dem Wasser für sein Dasein.

Bei intensiven Ritualarbeiten wird traditionell vor und nach dem Ritual mit Wasser gereinigt (Bad, Schwitzhütte, Sauna u.a.). Auch beim Betreten von sakralen Räumen wird an der Schwelle mit geweihtem Wasser eine Reinigung durchgeführt.

Raumwahrnehmung

Der negative Wasser-Äther erzeugt am ehesten Ekelgefühle. Da er sehr leicht auftritt, kann er durchaus einer regelmäßigen Reinigung bedürfen.

In Badezimmern, wo wir das Alte gerne loslassen, und in Kellern, wohin wir das Alte verbannen, von dem man sich nicht lösen mag, schafft gründliches Putzen tatsächlich Wunder. Alles Ausgelebte und seelisch Verbrauchte formt den Wasser-Äther mit, sodass sich die Räume schmuddelig und oft mit Gefühlsresten vollgestopft anfühlen. Zustände wie starke Depressionen, Trauer und Ängste der Bewohner speichern sich oftmals im Wasser-Äther der Räume und wirken auf die Personen ein. Wo viele schwere Gefühle ausgelebt werden (psychotherapeutische Praxen, Spitäler, Bestattungsunternehmen u.a), kann die Reinigung die Alltagsarbeit erleichtern.

Methoden der Reinigung

Der negative Wasser-Äther ist gut durch Putzen und Waschen zu reinigen. Das feuchte Wischen der Böden, das Abwaschen der Wände und Gegenstände reicht oft aus, um ihn in seine ursprüngliche Form zu bringen. Da wir als fühlende Menschen stark auf das Wasser-Element reagieren, kann eine regelmäßige Reinigung tatsächlich emotionale Klarheit fördern. Aufräumen und Putzen klärt das Gefühlschaos und schenkt uns die Kraft der Empathie.

Gehen Sie bewusst in die innere Achtsamkeit. Wo sind Ausgelebtes und ätherischer Schmutz für Sie spürbar? Fangen Sie hier an, mit Wasser bzw. mit feuchten Tüchern den Wasser-Äther zu putzen. Streichen Sie das Alte heraus. Reinigen Sie öfter das Tuch. Wiederholen Sie dies so lange, bis sich die Stelle klarer anfühlt. Waschen Sie das Alte heraus und bringen Sie das Wasser nun ganz bewusst aus dem Haus. Übergeben Sie es einem Ort, der sich angenehm anfühlt. Meist gibt es eine Stelle, wo der Eindruck aufkommt, hier könnten alle alten Energien gut gewandelt werden. Übergeben Sie sie dem Ort und danken Sie ihm, dass er die weitere Reinigung (des Wassers, der Energien) für Sie übernimmt.

Mit einem Wasserzerstäuber kann das Wasser-Element sanft in den Raum gebracht werden. Alle verbraucht, schmuddelig oder alt wirkenden Stellen werden durch das Wasser erfrischt und sanft erneuert. Das wird so lange praktiziert, bis die Räume sich frischer und klarer zeigen. Fein zerstäubtes Wasser erzeugt negative Ionen, die für die Regenerationskraft essenziell wichtig sind. Da die elektrischen Felder positive Ionen erzeugen, kann die Anwendung von Wasserzerstäubern eine ausgleichende Wirkung in Innenräumen schaffen. Das Besprengen mit Wasser hat einen ähnlichen Effekt. Hier ist jedoch auch die innere Ausrichtung bedeutend: Das Besprengen weckt die Lebenskräfte und segnet.

Stellen Sie Wasserschalen auf, die Sie regelmäßig leeren und erneut befüllen. Sie reinigen den Raum über Tage oder Wochen und stabilisieren und erneuern seine Energie. Bei zähen Energien geben Sie zusätzlich Salz in das Wasser.

Wenn Sie Erfahrung mit Blütenessenzen oder Homöopathie haben, können Sie ein Mittel – im Wasser aufgelöst – in den Raum geben oder eine entsprechende Stelle damit reinigen (z.B. Arnika bei Schock oder einer Unfallstelle im Haus). Die Wahrnehmung gibt Rückmeldung, ob der Raumäther sich

nachhaltig verändert hat oder ob noch etwas anderes vonnöten ist.

*Ich wurde beauftragt, vor dem Neueinzug in ein altes Haus
die energetische Hausreinigung zu machen. Dort gab es ein
großes, ausladendes Badezimmer – schön hergerichtet,
doch »im Gefühl« seltsam kalt und abgestanden. Schwer-
mut hing in der Luft und reagierte erstmals nicht auf die generelle Räucherung, die ich durchführte. Ich wurde eigenar-
tig depressiv und energielos und war etwas verwundert, weil
dieses äußerlich ansprechende Bad seelisch so verwahrlost
auf mich wirkte. Außer dem Räuchern musste also noch eine
andere Methode gefunden werden.*
*Ich stellte Schalen mit Salz in die Ecken und gab dieser Ener-
gie im Raum das Signal, dass es nun Zeit sei, sich zu lösen. Es
dauerte mehrere Tage. Wasser und Salz wurden erneuert, bis
im Bad eine freie, normale Energie herrschte.*
*Später erfuhr ich, dass die Vorbewohnerin Depressionen
hatte und in Behandlung war. Das Wasser-Element, wie es
im Bad vorhanden ist, hatte diesen Gefühlszustand einge-
fangen und gespeichert. Der »Ort des Loslassens« im Haus
benötigte mehr Zuwendung und Aufmerksamkeit. Etwas,
das nicht losgelassen wurde (der Zustand der Depression),
wurde durch Hinwendung und Pflege gelöst.*

In den verschiedenen Kulten und Religionen wird das Wasser
für die Reinigung gerne geweiht oder aufgeladen. Es über-
trägt Energien und nimmt alles in sich auf. Auch Sie können
Ihr Wasser zuerst stärken. Lassen Sie Ihr Bewusstsein bis in

die Ebene reisen, wo die Essenz dieses Wassers beheimatet ist. Dort begrüßen Sie es und laden es ein, ganz da zu sein. Diese Methode nutze ich gerne, um Leitungswasser an seine eigentliche, noch nicht durch Rohre und Pumpen veränderte Urinformation zu erinnern. Ich lade die Seele des Wassers ein, mit seiner immensen Kraft bei der Arbeit mitzuwirken.

Das Duschen oder zumindest das bewusste Hände- und Gesichtwaschen hat sich bewährt, um nach der Reinigungsarbeit selbst wieder frei und geklärt zu werden und nichts bei sich zu behalten.

Klang erzeugt Wellen, die sich im Raum ausbreiten. Er verhält sich ähnlich wie Wasser, weswegen Klang gut geeignet ist, den Wasser-Äther zu reinigen. Klang berührt die Seele und die Emotionen und kann gut auf die eingeprägten Gefühls-

reste in den Räumen einwirken. Fangen Sie mit tieferen (erdigen) Tönen an und wählen Sie allmählich feinere und höhere Klänge. Gehen Sie wie beim Räuchern vor. Wenn sich der Klang von dumpfen zu hellen Klängen verändert, hat sich die Energie gereinigt.

Die Stimme ist ein hervorragendes Klanginstrument; Zimbeln, Monochord, Klangschalen sind gute Helfer bei der Reinigungsarbeit.

In manchen Kulturen wird mit zauberkräftigen Heilliedern gearbeitet. Ich nutze das Tönen – das Erzeugen eines Tones, der sich auf dem Niveau der vorhandenen Energie einpendelt, zuerst vielleicht krächzend, dumpf, schrill, abgehackt tönt, bis der Äther durch den Klang reiner wird und der Ton nun

durchgehend, leichter, voller erklingt oder eine andere Tonhöhe annimmt.

Beginnen Sie mit einem Zimmer. Jede Ecke, jede Stelle wird andere Klänge erzeugen. Bewegen Sie mithilfe Ihrer erzeugten Klangwellen die Ätherprägungen in die gewünschte

Richtung. Bitte bedenken Sie, dass es nicht darum geht, gesangstechnisch »schön« zu singen. Üben Sie am Anfang in Räumen, wo Sie allein und ungestört sind, bis Sie innere Sicherheit erlangt haben. Durch den Klang können Sie sehr viel Ihrer eigenen Seelenqualität in den Raum geben. Erschaffen Sie durch Gesang und Töne Ihr Wunsch-Zuhause. Wenn Sie Bezug zu anderen Kulturen haben, wenden Sie Gebete, Mantras oder Heilgesänge an, die Sie gelernt haben.

Wasser-Element stärken

Durch Stärkung des Wasser-Elements können Gefühlskälte, Leere, Distanziertheit und die Kühle heutiger moderner Bauten verändert werden. Wasser nährt die Emotionen und ist ein wichtiger Mittler in der Familie und in der Gemeinschaft. Laden Sie das Wasser-Element ein. Verbinden Sie sich mit seiner Kraft (siehe »Die Vorbereitung«, S. 37 ff.), geben Sie ihm Raum, indem Sie wassergefüllte Schalen platzieren, regelmäßig Wasserzerstäuber anwenden oder mit dem Klang die Räume durchweben.

Wasser kann schnell »austrocknen«, weswegen es gerne wiederholt hergebeten wird. Bitten Sie seine nährenden, sanften und kräftigenden Eigenschaften ins Haus.

Das Wasser holt sich momentan seinen angestammten Platz beim Menschen zurück. Nachdem es verdrängt und kontrolliert wurde (Flussbegradigung, Auen-Entwässerung, Staumauern und Verschmutzung der Meere), drängt es nun stark in unser Bewusstsein zurück (Tsunami, Überschwemmungen usw.). Das Wasser-Element fordert uns auf, das persönliche Wasser, das Emotionale und Seelische, wieder in unser Leben zu integrieren. Freunden Sie sich mit dem Wasser an, damit nicht Überschwemmungen und Fluten kommen müssen, sondern wir jetzt ein gutes Miteinander pflegen lernen. Kollektives Verhalten kann das Wetter der Zukunft beeinflussen.

Das Element Erde

In der Erde liegen Weisheit und Vollendung. Sie wird mit Ge-
sundheit und Nahrung, Fruchtbarkeit und Fülle assoziiert. Sie
ist Stabilität, Festigkeit und Form. Nur was Bestand hat, ist
Erde.

Erde ist:
- enge, kleine Räume, schwere Materialien
- Körperstrukturen des Hauses, der Gegenstände,
  des Menschen und des Ortes
- das Sammelnde und Verdichtende
- große Gebirge und Kontinente der Erde

Einstimmung auf das Erd-Element

Lenken Sie Ihre Wahrnehmung ganz auf Ihren Körper, wie er da steht: die Füße auf dem Boden, das Gewicht, das nach unten strebt. Lassen Sie aus den Füßen Wurzeln wachsen, in die Erde hinein. Mit jedem Atemzug werden diese tiefer und tiefer. Verbinden Sie sich mit der Kraft der Erde, der Steine und Felsen. Nehmen Sie mit dem Einatmen die Ruhe und Stabilität über die Füße in sich auf und dehnen Sie diese Qualitäten im ganzen Körper aus.

Reiben Sie die Hände mit Erde ab, knien oder beugen Sie sich zur Erde hin, legen Sie die geöffneten Handflächen auf die Erde und nehmen Sie Kontakt mit dem Boden auf, dem Element Erde. Wenn Ihre Gedanken nicht zur Ruhe kommen, berühren Sie für mehrere Minuten mit der Stirn den Boden, einen Stein oder einen Baumstamm. Laden Sie das Erd-Element ein.

Raumwahrnehmung

Der negative Erd-Äther erzeugt Empfindungen von Druck, Beklemmung, Angst oder Dichte – oft begleitet von dem Gefühl, daran nicht rütteln zu können und zu wenig Kraft zu haben, es verändern zu können. Es können aber auch alte Erfahrungen (u.a. Vorbewohner, Geschichte des Hauses) da sein, die als allgemeine Unbeweglichkeit, Schwere oder Starrheit wahrgenommen werden. Allgemein sind Verdichtung und Schwere – sowohl in ihrer körperlichen Form als auch als seelischer Zustand – mit dem Erd-Element verwandt.

Methoden der Reinigung

Der Erd-Äther reagiert hervorragend auf Erschütterung. Das Stampfen, Schlagen und Rütteln weicht die Erstarrungen des Erdäthers auf, »es rüttelt ihn auf«. Daher sind stampfende Tänze, das Schlagen von Rhythmusinstrumenten wie Trommeln, Schlaghölzer, Rasseln und Küchentöpfe gute Mittel, um ihn in Bewegung zu bringen. Das gezielte Klatschen oder das Abklopfen von Wänden, Gegenständen oder dem Körper löst verhafteten Erd-Äther auf. Zuerst wird mit starken, lauten Erschütterungen gearbeitet, dann immer feiner werdend so lange gestampft, geklatscht oder abgeklopft, bis sich die Erdqualität angenehm und »richtig« anfühlt. Bei Bedarf wird dies wiederholt.

Eine im Raum durch Erschütterungen in Bewegung gebrachte Fremdenergie kann langsam nach draußen »geklatscht«

werden. Auch dabei ersetzt die geistige Fokussierung die rohe Gewalt; sie hilft durch die Wahrnehmung zu erkennen, ob die Raumenergie durch eher sanfte, langsame, weiche und auffordernde oder durch starke, zielgerichtete und befehlende innere Ausrichtung gereinigt werden kann.

Bei negativem Erd-Äther, der über lange Zeit entstand (körperliche oder seelische Gewalt), kann die physische Zerstörung der beteiligten Gegenstände oder das Aufbrechen des Bodens eine starke Reinigung einleiten. Da jedoch gerade bei Gewaltthemen oft Seelenanteile der Personen am Ort mit »eingefroren« wurden, ist es ratsam, die Erd-Äther nicht nur aufzurütteln, sondern auch eine Prozessbeteiligung zu initiieren: Die heilsame Kraft der Erde kann z.B. gerufen werden, um das Geschehen »zu Grabe zu tragen«, sodass rituell tatsächlich ein Grab, eine Mulde geschaffen wird, wo gebundene Energien sich »zur Ruhe begeben« und durch die heilsame Erde transformiert werden können. Hier ist die Absicht des Menschen vermittelnd. Das Grab ist kein Mahnmal (wie die Kriegerdenkmäler), sondern der Ort, an dem alles in sein eigentliches Sein zurückkehren kann und alles Leid losgelassen werden darf.

Bitte beachten Sie jedoch, dass wir nur begleiten, aber niemanden zwingen können, unsere Arbeit anzunehmen. Manche Seelen werden glücklich mitgehen und dankbar sein, andere benötigen individuellere Begleitung, um sich aus ihrem Zustand von Schmerz, Angst oder Leid lösen zu können. Bitte achten Sie auf eine ehrende innere Haltung und wenden Sie Ihrerseits nie Druck, Gewalt oder emotionale Ignoranz an, sonst kann eine Reinigungsarbeit für Sie ungeahnte, jedoch weit reichende negative Folgen mit sich bringen.

Im ländlichen Raum stand einst ein Salztopf neben dem Herd. Gab es Streit, warf die Frau Salz ins Feuer. Der Streit wurde damit im Ätherischen gereinigt, der Familienzusammenhalt gewährleistet.

Salz oder die Asche von Pflanzen (diese enthalten Salze und Kristallstrukturen) wirken reinigend. Salze nehmen alte Energien auf. Daher streute man Salz an alle zu reinigenden Stellen, warf es als Schutz über die linke Schulter oder nahm ein Salzbad. Nach der Anwendung, wenn es mit den alten Energien vollgesogen war, wurde es aus dem Haus entfernt. Dieses Salz darf nicht wiederverwendet oder etwa gegessen werden! Bei gründlichen Reinigungen kann in der Mitte jedes Raumes oder in den vier Ecken jeweils eine kleine Schale mit Salz hingestellt werden. Geben Sie dem Salz beim Hinstellen den Auftrag, all die Energien, die Sie reinigen möchten, in sich aufzunehmen und aus dem Raum zu entfernen. Lassen Sie das Salz mehrere Stunden bis Tage stehen; dann entfernen Sie es. Auch dies muss gegebenenfalls wiederholt werden.

Das Erd-Element stärken

Das Hervorrufen des Elementes Erde kann Stabilität und Ruhe erzeugen. Nach der Reinigung z.B. des negativen Äthers oder des Erd-Elementes generell – oder wenn die Erd-Energie im Raum fehlt – kann nun seine eigentliche, positive Kraft hergebeten werden. Stellen Sie sich vor, Sie bitten ein Wesen, ein Bewusstsein her. Sprechen Sie in Ihren eigenen Worten, suchen Sie eine eigene Ausdrucksform, wie Sie dieses Bewusstsein bitten können, in seiner eigentlichen, heilen und kraftvollen Form den Raum zu durchwirken. Mit rituellen Schlägen können Sie so lange klopfen (z.B. Boden, Wand), bis Sie innerlich wahrnehmen, dass das Erd-Element Ihrer Aufforderung gefolgt ist. Bedanken Sie sich für sein Erscheinen. Dank ist ein machtvolles Instrument, in guter Weise mit den

Elementarkräften zu leben. Schenken Sie dem Raum als Symbol der Erdenkraft einen schönen Stein, den Sie extra dafür aussuchen. Auf diese Weise haben auch Sie einen physischen, stabilen Helfer für diese Kraft gefunden.

Das Element Feuer

Feuer reinigt und erneuert, es vibriert vor Energie. Es transformiert, tötet und befreit. Wenn Holz verbrennt, wird seine Form durch Feuer verwandelt. Feuer ist mächtig, kraftvoll und aktiv.

Feuer ist:
- das Hitzige, Warme, Spitze, Kantige, Scharfe
- der Wille, die Absicht, das Tun der Menschen
- Elektrizität und Wärmequellen im Haus
- Wärmekräfte der Erde; Magma im Erdinneren

Einstimmung auf das Feuer-Element

Die einfachste Form ist das Entzünden einer Kerze. Meditieren Sie mehrere Minuten auf die Flamme, indem Sie sie genau beobachten und ihre Stärke und Kraft fühlen. Ihr Geist wird ruhig und hoch konzentriert werden. Reinigen Sie Ihre Hände an der Flamme, gehen Sie dafür so nahe heran, wie es die Hitze erlaubt. »Waschen« Sie die Hände über der Flamme, laden Sie sich dabei mit der Feuerkraft auf.

Sollten Sie einen Holzofen besitzen, entzünden Sie ihn. Vielleicht ist Ihnen schon aufgefallen, dass an Tagen, an denen Ihr inneres Feuer schwach ist, auch das Ofenfeuer schlecht brennen will. Fokussieren Sie Ihr inneres Feuer beim Entzünden; sammeln Sie es und bringen das Feuer auf diese Weise im Menschen und im Haus zum Lodern. Es wird Sie bei der Reinigung unterstützen, wenn es im Haus anwesend ist. Laden Sie den Geist des Feuers ein, mit seiner tiefgreifenden Kraft der Transformation da zu sein. Auch ein Schwitzhüttenritual kann Sie in Kontakt mit dem Feuerwesen bringen. Laden Sie zu Beginn seine kräftigen, aber sanften Eigenschaften ein.

Lernen Sie die Macht des Feuers dosiert kennen. Unterschätzen Sie es nicht, denn was es verbrennt, kann nicht zurückgeholt werden.

Raumwahrnehmung

Der negative Feuer-Äther zeigt sich als Angst, Aggression oder Wut, die in den Räumen spürbar sind. Eine Reinigung nach einem Streit oder bei anderen starken Emotionen ist zu empfehlen, ebenso wenn kranke Personen im Haus sind oder zur Generalreinigung beim Umzug.

Elektrosmog und alle Funktechniken (Schnurlos-Telefon, Handy, WLAN u.a.) erregen den Feuer-Äther übermäßig. Die stark belasteten Räume wirken oft flirrend, zitternd vor Erregung und enorm unruhig bis sehr anstrengend. Ein Zur-Ruhe-Kommen ist nicht möglich, Schlaf und Konzentrationsfähigkeit sind unter Umständen stark gestört. Kopfweh, Bauchweh und generelles Unwohlsein sind häufige Begleiter. Zusammenhänge mit Aggression oder Depression sind zu vermuten.

Die Methoden der Reinigung

Feuer transformiert und vernichtet. Daher erreicht man durch die Verbrennung eine konsequente Reinigung von belasteten Dingen, wie z.B. einem alten Schuldschein, Kleidung, die etwa bei einer Gewalterfahrung getragen wurde, oder alten Möbeln. Auch unerwünschte Erbstücke, die unangenehme, belastende Familienenergien bündeln, dürfen so erlöst werden.

Vor der Übergabe ins Feuer fokussieren Sie Ihren Geist und Ihren Willen darauf, alle gebundenen Kräfte vollkommen loszulassen. Erst wenn Sie innerlich bereit sind, alle anhaftenden oder darin »eingefrorenen« Energien wirklich loslassen zu wollen, übergeben Sie die Gegenstände dem Feuer. Manchmal findet erst jetzt ein

Erkenntnisprozess statt. Vielleicht war das Empfinden der seelischen oder körperlichen Schmerzen so groß, dass sie verdrängt wurden und erst vor dem Feuer erkannt werden. Die Willensäußerung, »es nicht wahrnehmen zu wollen«, hatte dazu beigetragen, dass dieses Ereignis dauerhafte »eingefrorene Wellen« im Äther erzeugte. Jetzt kann neu entschieden werden, ob man es behalten will (mit allen Konsequenzen) oder endgültig loslassen möchte, um frei zu werden.

Manchmal können solche Erfahrungen über den Tod hinaus bestehen bleiben und sogar Generationen danach noch da sein. Gerade an Orten, wo Krieg, Mord oder andere lebensunwürdige Geschehnisse erfahren werden mussten, können solche Feuer-Äther-Prägungen lange bestehen bleiben und in der Wahrnehmung wieder auftauchen. Die Reinigung solcher Prägungen gehört in die Hände erfahrener Personen. Die Aufarbeitung der Ereignisse bewirkt heilende, aber für die jetzt hier lebenden Personen oft anstrengende und schwer auszuhaltende Zeiten, sodass eine professionelle Begleitung durch eine außenstehende Person Halt und Orientierung gibt und das eigentliche Ziel in klaren Schritten erreicht werden kann.

Etwas sanfter wirkt die Kraft von Kerzen. Stellen Sie in der Mitte des Raumes eine Kerze auf und entzünden Sie sie. Visualisieren Sie die Kraft des Feuers, bitten Sie es, sich im gesamten Raum auszudehnen und alles zu transformieren, was jetzt gehen soll. Gehen Sie mit der Kerze in der Hand im Raum zu den Stellen, die Sie einzeln reinigen möchten. Nehmen Sie wahr, welche Nuance des Feuers hier die reinigende

Kraft einbringt. Rufen Sie diese Eigenschaft an, dehnen Sie sie durch Ihre Gedankenkraft aus oder bewegen Sie die Kerze intuitiv, bis sich die Veränderung einstellt.

Oftmals benötigen wir die durchwärmende, durchstrahlende Kraft des Feuers, die eher nährend wirkt und nicht zerstört oder auflöst. Zünden Sie geweihte Kerzen an, wenn Sie den Bezug zu der entsprechenden Religion haben. Oftmals ist es angebracht, die Kerzen eine bestimmte Zeit lang brennen zu lassen.

Kerzen können gewidmet und gesegnet werden. Sie können der Kerze durch ihr inneres Feuer, dem Willen und der Geistkraft einen Auftrag geben, z.B.: »Ich beauftrage dich, mit deiner Flamme alle negativen Energien zu entfernen und auch in mir alles zu wandeln, was diese Energien unbewusst sucht und dadurch anzieht.« Die Kerze wird so lange brennen gelassen (Stunden, Tage etc.), bis alle inneren und äußeren ätherischen Komponenten gereinigt sind. Nun gilt es, sich zu bedanken. Achten und schätzen Sie die Kraft und Güte des Feuers, die Sie erfahren durften. So wird es Ihnen gerne hilfreich zur Seite stehen, sooft Sie es benötigen.

Auch in der Glut der Räucherarbeit sind die Feuerkräfte enthalten.
Der Feuer-Äther reagiert sofort auf Ritualarbeit jeglicher Art. Die Wirkung eines Rituals ist getragen von der zielgerichteten, absichtsvollen Handlung und der stark fokussierten inneren Haltung des Geistes. Viele Wirkungen des Rituals erzeugt der Geist, der den Äther zu lenken vermag, über Raum und Zeit hinaus. Achten Sie darauf, dass Ihre Absicht immer positiv ausgerichtet ist. Denken Sie langfristiger: Ist das Entfernen dieser Energie wirklich mein Ziel oder will ich eigentlich etwas anderes, dahinter Liegendes erreichen? Gibt es dafür einen kürzeren Weg?

Ein Beispiel: Soll das Haus von der Energie einer Schwieger-mutter gereinigt werden, weil diese zu stark in die junge Familie hineinwirkt und die angeheiratete Frau »keinen Platz« hat, besteht der eigentliche Wunsch darin, »Raum zu haben«. Also wird gereinigt, um Raum zu erzeugen. Dabei wird aber nicht gegen die Energien der Schwiegermutter gearbeitet, denn das würde ein Kräftemessen mit unklarem Ausgang und meistens vielen schweren Alltagssituationen erzeugen.

Die Kraft des Geistes ist groß. Je bewusster wir unsere Alltagswünsche zu studieren beginnen, desto besser kann erkannt werden, dass den meisten Wünschen Grundbedürfnisse wie Liebe, Anerkennung, Sicherheit, Vertrauen und Freiheit (der Gedanken) zugrunde liegen. Mit dem Feuer, der meditativen Bewegung und der positiven Absicht können die Räume oft ohne Widerstände und Kämpfe aus den alten Strukturen gelöst werden, um nun diese essenziellen Bedürfnisse zu nähren und weiterzutragen.

Bei Reinigungen von Elektrosmog-Belastung (Hausstrom und alle Funktechniken) ist ein Räuchern mit den Wetterpflanzen (siehe S. 63) hilfreich. Sie haben die Fähigkeit, die elektromagnetischen Spannungen positiv zu beeinflussen. Dies kann aber nur begleitend praktiziert werden und eine gewisse Erleichterung schaffen. Ich empfehle allen, Kosten und Aufwand nicht zu scheuen, um diese in den letzten Jahren massiv ausgebauten und von überall einwirkenden technischen Felder zumindest im privaten Raum zu vermindern. Oft steht die eigene Bequemlichkeit am meisten im Weg.

Entscheiden Sie sich für ein schnurgebundenes Telefon, arbeiten Sie mit der Internetkabelverbindung, meiden Sie WLAN, DECT-Telefone und andere starke Funkquellen wie Babyfon, funkgesteuerte Haussysteme u.a.

Schirmen Sie starke Stromquellen ab, installieren Sie Netzfreischalter usw. Wir müssen diese heftig erregten Feuer-Äther zu Hause nicht aushalten, sondern können uns um langfristige Lösungen bemühen. Der übererregte Feuer-Äther verursacht Stress pur! Schaffen Sie sich zu Hause eine Oase, in der Sie bewusst verzichten und Ihrem Körper und Geist echte Auszeiten vor diesem kollektiven Wahn schenken.

Weiterführende Beratung bieten Baubiologie und Geomantie (Messung und professionelle Abschirmung). Seien Sie sich bewusst, dass Schutzsymbole wie Rituale, Kosmogramme und Wetterpflanzen nur auf der ätherischen und geistigen Ebene arbeiten, aber nicht die physikalische Strahlung verringern oder abschirmen. Hier muss physisch »gereinigt« werden: Sender und Verursacher abbauen!

Das Feuer stärken

Das Stärken des Feuer-Elements kann Mut, Durchhaltewille, Entschlossenheit, seelische Wärme und geistige Konzentration fördern. Mit den oben aufgeführten Techniken kann auch die gewünschte Kraft des Feuers in Räume gebracht werden, sodass sie genährt wirken. Mit Bauritualen oder Jahresfestritualen wird der Feuer-Äther stark beeinflusst und der

»Spirit« des Raumes, des Hauses oder des Ortes immer wieder geachtet, gerufen oder erneuert. Alles hat eine ureigene Kraft, seinen »Spirit«. Durch das Feuer und den Geist ist der Mensch imstande, mit den beseelten, geistigen Sphären der Dinge in Kontakt zu treten, sodass wir als große Familie in gegenseitiger Achtung leben und miteinander wachsen können. Das Feuer lehrt, unseren Platz in der Gemeinschaft im Kreis am heiligen Feuer wieder einzunehmen, sodass unser Geist sich an seine ursprüngliche Bestimmung erinnern kann.

Die Arbeit
mit Seelenanteilen/Elementalen

Wir empfinden uns die meiste Zeit als untrennbare Person.
Im Ätherischen jedoch erzeugt jeder Wunsch, jeder Gedanke,
jedes Bedürfnis, jede Erfahrung Ätherwirbel, die kürzer oder
länger bestehen bleiben.

Wird nun ein Ätherwirbel durch eine intensive Erfahrung
(Schock, Schmerz, Angst) oder durch starke Wünsche (Ver-
langen) erzeugt, bleibt er lange bestehen und kann sich sogar
vom Umfeld des Körpers dieses Menschen lösen. Oft bleibt
er z.B. am Ort des Unfalls. Bei diesen sogenannten Elemen-
talen kann sowohl die Ätherstruktur wie die innere Programmierung, die zur Abspaltung geführt hat, wahrgenommen
werden. Der Mensch ist sich meist nicht bewusst, dass ihm
etwas fehlt.

Wir senden permanent größere und kleinere Elementale aus,

die so lange in der Welt umherreisen, bis sie die Aufgabe erfüllt haben. Ein Wunschritual ist z.B. das Erzeugen eines Elementals, das nun dafür sorgt, dass das Gewünschte Realität wird. Hat es dies geschafft, vereinigt es sich von selbst wieder mit dem Menschen.

Elementale oder Seelenanteile können aber auch bestehen bleiben, wenn die betreffende Person schon gestorben ist. Es kommt relativ häufig vor, dass sich in der rituellen Hausreinigung Seelenanteile zeigen oder als Präsenzen bemerkt werden. Bei genauer Wahrnehmung wird man bemerken, sie sind keine Verstorbenen, auch keine Naturgeister (z.B. Elementarwesen), sondern auf eigene Art etwas Wesenhaftes, die jedoch einer starken, oft sehr einseitigen Programmierung unterliegen, die sie selbst nicht beeinflussen können. Ihr einziges Ziel ist, wieder zu ihrer Heimat, dem Menschen, zurückkehren zu dürfen.

Bei der Arbeit mit Seelenanteilen sehe ich die Rolle des Vermittlers als sehr konstruktiv an. Als Erstes nehme ich innerlich Kontakt zu der Präsenz auf. Eine mächtige Frage ist: »Was brauchst du?« Stelle ich diese Frage aus der Tiefe der Seele, wo ich weiß, dass alles zum Ursprung zurücktendiert, zeigt mir der Seelenanteil klar, was er wirklich braucht. Ich nehme mit meiner inneren Kraft den Seelenanteil an der Hand und lasse ihn selbst dahin gehen, wo er hingehört. Da das Elemental und der »Besitzer« wie mit einem elastischen Ätherband verbunden bleiben, gebe ich dem Seelenanteil die Aufgabe, entlang dem Band zurückzukehren. Der Besitzer braucht nun Begleitung, bis er fähig ist, den Seelenanteil wieder »in die Arme zu schließen«, denn er erlebt nun alle verdrängten Gefühle und inneren Zustände, Ängste, Unsicherheiten oder Schmerzen erneut. Sie waren bisher im Seelenanteil gespeichert und in der Ferne verwahrt worden. Nun sind sie wieder da. Eine begleitende Prozessarbeit ist hier meist unabdingbar, damit die Menschen Mut und Kraft haben, diesen Anteil dauerhaft in sich aufzunehmen und Heilung zu erfahren.

Bei Seelenanteilen, Energieabdrücken oder Anhaftungen im Raum suche ich bewusst nach diesem Energieband, das mich zum Ursprung führt. Oft sind Seelenanteile von Vorbewohnern da, manchmal von schon länger verstorbenen Menschen. Durch die Reinigung können ihre Seelenanteile über die Schwelle des Jenseits zu ihnen zurückkehren.

Oft sind es auch kollektive Themen, die sichtbar werden. Zum Beispiel kann eine generelle Angst einer Frau vor der eigenen Durchsetzungskraft in früheren Generationen gründen. Hier folge ich dem Energieband. Es wird mich zu einem Aspekt der Frau führen, aber auch in die Vergangenheit, wenn zum Beispiel ihre Großmütter ihre Durchsetzungskraft auch nicht leben konnten.

Ebenso kann der Ursprung dieser Angst auch in den älteren kollektiven Werten einer Gemeinschaft liegen, die schon lange nicht mehr lebt. Menschen prägen über das ätherische Feld kollektive und persönliche Themen in das Land ein, die sie auf diese Weise an nachfolgende, dort lebende Menschen weitergeben können. Hier wird das Energieband mit diesem geschaffenen Ätherfeld, das inzwischen fast Teil des Landes geworden sein kann, verbunden sein. Nun können die Fragen »Was ist notwendig, um das Band ablösen zu können?« oder »Was bringt Heilung?« oder »Wie ist die Wirkung zu beenden?« an die zwei beteiligten Seiten gestellt werden. Beide werden je nach ihren Fähigkeiten über die innere Wahrnehmung vermitteln, was sie brauchen oder was sie selbst dazu beitragen können, damit dieses Energieband (bzw. die Prägung im Raum u.a.) sich auflösen darf.

Bei Hausräucherungen wegen eines Umzugs stoße ich oft auf Seelenanteile. Beim Räuchern im Zimmer eines jungen Erwachsenen entdeckte ich unter der Dachschräge hinter dem Sofa einen fünf- oder sechsjährigen Jungen. Er schien schüchtern und einsam. Im Gespräch erfuhr ich von der Mutter, dass ihr damals fünfjähriger Sohn sehr unter der Scheidung und Trennung von seinem Vater gelitten habe und nicht damit umzugehen wusste. Damals waren sie gerade hier eingezogen gewesen. Es war naheliegend, dass ein Seelenanteil des Jungen sich in dieses Versteck zurückgezogen hatte, wo der Raum eine Art Schutzhöhle vor dem Leben bildete. Und dort blieb der Seelenanteil über all die Jahre des Erwachsenwerdens. Alles, was er benötigte, war, mit seinen verzweifelten Gefühlen über die Scheidung geachtet zu werden. Es reichte aus, dass ich stellvertretend für ihn über seine Gefühle sprach, denn er konnte sie nie wirklich selbst ausdrücken. Es war wichtig, dass die Mutter erfahren durfte, wie es in ihrem Sohn aussah. Damals war auch sie überfordert gewesen. Das gegenseitige Erzählen und Zuhören, wie es ihnen beiden ging, reichte aus, damit der Seelenanteil hervorkam und der weiteren Reinigungsarbeit zuschauen wollte, um schließlich mit dem damaligen Geschehen Frieden zu schließen. In dem Moment löste sich der Seelenanteil auf, denn nun konnte er wieder ganz ein Teil des jungen Erwachsenen sein.

Auch Seelen Verstorbener können in der Reinigungsarbeit auftauchen. Während eines meiner Raumclearing-Seminare arbeiteten wir mit den Räumen im Haus. In einer Wohnung befanden sich mehrere Gestalten, deutlich sichtbar ein Mann und eine Frau. Sie saßen am Esstisch wie zu alter Zeit, und der Mann rückte sogar zur Seite, als ein Kursteilnehmer sich an seinen Platz setzen wollte. Es war, als wohnten die Leute immer noch hier. Wir fühlten uns wie Besucher. Doch die Wohnung war dadurch bewohnt und nicht frei für neue Nutzer.

Also richteten wir unsere Aufmerksamkeit darauf, was das Haus benötigte, um im Jetzt Freiraum zu haben. Verschiedene Methoden wurden geübt und angewandt, die Räume wurden leichter, weicher und sanfter, doch die »Bewohner« blieben da.

Nun leitete ich eine spezielle Übung an, und mit den Teilnehmern entwickelte ich den Ablauf einer Reinigung. Die Seelen schienen eine Last zu tragen, die Schwere einer Zeit, in der das Leben schwierig und schmerzhaft war. Diese Last war dafür verantwortlich, dass sie den weiteren Weg nicht gehen konnten und stattdessen blieben. Wir fanden einen Platz, an dem ein geistiges Grab für diese Last geschaffen werden konnte, einen Ort mit einem kraftvollen behütenden Baum, der sich anbot, die zu Grabe getragene Last zu wandeln.

Zuerst wurde mit einer Zimbel in allen Zimmern und Ecken sanft getönt. Wie ein Rufen klang es durch die Räume und bot den Seelen, die dort waren, an, zu uns zu kommen, damit wir uns ihrer Bedürfnisse annehmen könnten.

Als Nächstes sammelten wir einzeln ihre »Pakete der Last« ein, um sie zum Grab zu tragen. Doch auf das Rufen erschienen ganz viele Seelen, viel mehr, als im Haus waren; aus der ganzen Umgebung tauchten sie auf und stellten sich anständig in einer Reihe auf, die um das halbe Haus reichte – wartend, dass auch sie ihr Paket abgeben dürften. Also mussten wir umdisponieren. Ich teilte ihnen mit, dass ich den Weg zeigen kann und dass sie ihr »Paket« tragen können, um es selbst dort abzulegen und zu beerdigen. Dankbar zog ein ganzer Zug den Hang hinunter zu besagtem Baum. Als einer nach dem anderen seine Last niederlegen konnte, war es *fühlbar, wie leicht und beweglich sie nun wurden. An dem Ort wurde es sichtbar heller. Die Dunkelheit, die während der ganzen Arbeit präsent war, wandelte sich mit jedem abgelegten Paket in eine freundliche, sanfte Helligkeit.*

Nach dem Ritual waren die Umgebung, das Haus selbst und die Wohnung leer geworden. Jetzt war Raum für Neues. Das Haus strahlte in neuem Glanz.

Später ging ich nochmals zu dem Baum, um zu kontrollieren, ob auch hier alles gewandelt wurde. Da sich der Ort mit dem Baum selbst angeboten hatte, die Arbeit mitzutragen, war schon ein großer Teil der Arbeit vollbracht. Dankbar verabschiedete ich mich. Ohne seine Hilfe wäre die Umwandlung dieser Schuldgefühle, dieser mitgetragenen Pakete der Seelen nicht so harmonisch und einfach abgelaufen. Es war die Kraft der Erde und ihrer Bewohner, die die eigentliche Wandlungsarbeit für die Menschen übernommen hatte.

Schattenarbeit

In vielen Beschreibungen von rituellen Ortsreinigungen ist von »bösen Dämonen« die Rede. Ich spreche gerne von »Schatten«. Gemeint sind verschiedene Wesen und Energien, die im persönlichen Kontakt böse, manipulativ, mächtig, gemein oder angsteinflößend erscheinen. Sie werden von den guten, hilfreichen Geistern unterschieden. Manchmal legen sie sich wie Schatten über einen Ort (Onlay), agieren wie ortsgebundene Geister oder versuchen, alle Veränderungen zu torpedieren.

Die Erfahrung hat mich gelehrt, dass auch diese Energien und Wesen nur Heilung suchen. Die allermeisten Dämonen haben wir in den Jahrtausenden der menschlichen Existenz selbst geschaffen. Wenn die alten Götter, die Devas, Berggeister und Naturgottheiten durch die jeweiligen Eroberer eines Landes negiert wurden, war dies immer ein Akt, um die Eroberten zu schwächen. Doch damit schuf man Angst und Unwissen. So verkam das griechische Wort »daimon«, d.h. »Geistwesen«, zum »Dämon« im Christentum.

Auch unsere Handlungsweisen und unsere Weltbilder schufen viele verdrehte Energien. Unsere kollektiven Ängste vor Tod und Krankheit führten dazu, dass wir uns von der Erde als heilige Mutter entfremdeten und über die Generationen viele verschiedene Seelenanteile zurückließen, die oft wie Schatten an Orten bestehen blieben.

Doch auch sie besitzen ein Energieband zum heilen Ursprung, wo sie noch keine verdrehten Schatten oder Energien waren, sondern ein würdevolles Mitglied dieser Schöpfung. Manchmal ist dieses Band nur sehr schwach, reicht oft durch viele Generationen hindurch, die eine weitere Verdrehung erzeugten, und enthüllt uns am Schluss – oft zu unserer Verblüffung – etwas völlig Unerwartetes. So ist die Urkraft der Erde unglaublich vielen Negierungen und Projektionen des Menschen ausgesetzt worden.

Auch Naturgottheiten, wie ein Pan, ein Baumgeist oder ein Berggeist, mussten sich bei uns in den letzten Jahrhunderten viel gefallen lassen. Sie wurden zu Teufeln degradiert, gebannt und verrufen. Leider stößt unsere Wahrnehmung oft nur in die Ebene vor, wo uns die verdrehten Energien des Menschen hinsichtlich dieser Kraft begegnen. Das sind

Schatten, Schatten unserer Geschichte als Menschheit. Doch die Ursprungsebenen sind immer da, jederzeit. Sie gehen nie verloren. Gerade die Natur verkörpert sie immerwährend.

In der Natur existiert keine Verdrehung. Sie ist beständiges Gleichgewicht, in sich ruhende vielfältige Göttin, die weder in Böse noch Gut spaltet, da ihr Dasein das pure Sein ist. Wenn wir uns mit ihrer Kraft verbinden, haben wir ein gutes inneres Gleichgewicht und die Kraft, lange zurückreichende Verwirrungen und Verdrehungen aufzulösen und zu heilen. Es ist die Kraft der Vergebung, der Achtung und der Ehrung eines jeden Zustandes. Diese Kraft, die in der Tiefe der eigenen Seele wurzelt, besitzt die unglaubliche Macht, unmittelbar die ursprünglich heile und heilige Ordnung wiederherzustellen.

Literatur

Bader, Marlies: *Räuchern mit heimischen Kräutern.*
Anwendung, Wirkung und Rituale im Jahreskreis.
Goldmann Verlag

Berk, Susanne: *Einfach räuchern. Anwendung, Wirkung*
und Rituale. Koha Verlag

Brönnle, Stefan: *Das Haus als Spiegel der Seele.*
Wie wir durch Änderungen in unserem Wohnumfeld
unsere Seele heilen. Neue Erde Verlag

James, E.O.: *Der Kult der Grossen Göttin.*
Verlag Edition Amalia

König, Marie E.P.: *Am Anfang der Kultur. Die Zeichenspra-*
che des frühen Menschen. Ullstein Verlag

Linn, Denise: *Die Magie des Wohnens. Ihr Zuhause als Ort*
der Kraft, der Kreativität und der Zuflucht.
Goldmann Verlag

Rätsch, Christian: *Weihrauch und Copal.*
Räucherharze und -hölzer. Ethnobotanik, Rituale
und Rezepturen. AT Verlag

Storl, Wolf-Dieter: *Pflanzendevas. Die geistig-seelischen*
Dimensionen der Pflanzen. Knaur Verlag

Danksagung

Zuerst waren das Land, die Elemente, dann die Pflanzenwesen in vielfältiger Form, die Tiere und erst spät der Mensch. Wenn wir bauen – Häuser, Städte und Friedhöfe –, sind unzählige Wesen des Landes schon lange vor uns dort gewesen. In einem Haus sind wir meistens nicht die ersten Bewohner, die dort leben. In der Familie haben viele Ahnen und Ahninnen vor uns gelebt.

Ohne sie alle, die Wesen des Landes, die Pflanzen, Tiere und Ahnen, gäbe es auch uns nicht. Wenn wir uns unseren Platz gestalten wollen, so reihen wir uns ein in eine großartige Gemeinschaft, die uns als Mitglied aufgenommen hat.

Wie wir ihren Segen wünschen, so sollten auch wir sie alle segnen. Daher ist das respektvolle Handeln bei rituellen Hausreinigungen ein kostbares Gut. Ein jeder darf und soll seinen Platz einnehmen dürfen. Das ist die natürliche Ordnung.

Ich danke von Herzen all denen, die mich auf inneren wie äußeren Wegen begleitet, gelehrt und inspiriert haben. Ich danke meiner Familie, dass sie mich Aufrichtigkeit, Mut und Achtung vor dem Leben lehrte. In den nicht sichtbaren Welten werden diese Eigenschaften hoch geschätzt!

Über die Autorin

Die gebürtige Schweizerin **Sibylle Krähenbühl** wuchs dank ihrer Eltern schon früh in ein anthroposophisches Verständnis hinein. Der Wunsch nach Erkenntnis sowie der Ruf der Erde, ihr in ihren inneren Dimensionen zu begegnen, wurden ihre Wegbegleiter; Pflanzen, Elementarwesen, Berge und Landschaften sind ihre Lehrer.

Nach mehrjähriger Tätigkeit als Gestalterin (Schwerpunkt Verkaufsraumgestaltung und Farbberatung) folgten Ausbildungen in Geomantie, Feng Shui und Radiästhesie bei Hagia Chora und beim Institut für Geomantie (Schwerpunkt Solare Rhythmen), außerdem Ausbildungen in Focusing und Kinesiologie.

2006 gründete sie INANA – Schule für Geomantie mit. Sie leitet Kurse und Ausbildungen in den Bereichen Geomantie,

Schamanische Arbeit, Ritualarbeit und Wahrnehmung und ist als geomantische Gestalterin und in der prozessorientierten Therapie (Trancearbeit, systemische Arbeit, Focusing u.a.) tätig.

Kontakt für
- Raumclearings
- geomantische Arbeit
- Ausbildungen:

INANA – Schule für Geomantie
Kloster Moosen 12, D–84405 Dorfen
Tel: +49(0)8081/952 99 09
E-Mail: geomantie@inana.info
Web: www.inana.info

Übungen für Hausreinigung
als Downloads

Unter www.kraehenbuehl.momanda.de sind die Übungen dieses Buches als Download für 3,99 Euro verfügbar.

Wichtiger Hinweis

Die im Buch veröffentlichten Empfehlungen wurden von Verfasserin und Verlag sorgfältig erarbeitet und geprüft. Eine Garantie kann dennoch nicht übernommen werden. Ebenso ist die Haftung der Verfasserin bzw. des Verlages und seiner Beauftragten für Personen-, Sach- und Vermögensschäden ausgeschlossen.

Copyright © 2013 Sibylle Krähenbühl
© KOHA-Verlag GmbH Burgrain
Alle Rechte vorbehalten
1. Auflage 2013

Bildnachweis:
• Shutterstock: Ornament S. 2/3 u.v.a, Foto S. 68 rechts
• CanStock: Zeichnungen S. 22 und 25
• Privat: Foto der Autorin
• Fotolia: Alle weiteren Fotos

Cover: Sabine Dunst/Guter Punkt, München

Layout: Birgit-Inga Weber
Gesamtherstellung: Karin Schnellbach
Druck: Finidr, Tschechien
ISBN 978-3-86728-231-4